Gudrun Mangold

Trollinger & Co

Gudrun Mangold

Trollinger & Co

Württemberger Weinkultur

Edition Gudrun Mangold

Gudrun Mangold ist Journalistin, Autorin und Filmemacherin.
Ihr besonderes Interesse gilt der Kulturhistorie, die sich in der jeweils authentischen Kulinarik einer Region konkretisiert.

Mit freundlicher Unterstützung: Wäschekrone Laichingen

1 2 3 4 5 11 10 09 08 07

gudrunmangold@t-online.de

ISBN 978-3-00-023433-0

Bildnachweis:
Umschlag Traube: Herbert Kehrer/Okapia, Dergl: Fam. Ritter
Vorsatz: Roland Bauer
Inhalt: Peter Albrecht: Hist. Fotos Heilbronn / Dieter Baral: Reutlingen / Roland Bauer: Esslingen Stadtansicht, Esslingen Pfleghof, Taubertal / Stadt Brackenheim, Archiv: Ausgrabungen Hausen / Meta Foß: Hist. Fotos Hausen / Doris Gräter: Hist. Fotos Hausen/ Joachim Hahn: Schwäbisch Hall, Synagoge / Wilhelm Heege: Welschkorn / Else Hönnige: Hist. Fotos Hausen / Jürgen Kurlbaum, Bodenseewein e.V.: Bodensee / Hilde Maier: Hist. Fotos Hausen / Hugo Maier: Ausgrabungen u. sonst. Hist. Fotos Hausen / Fam. Ritter und Fam. Kuhnle: Hist. Fotos Strümpfelbach / Schloß Tirol: Schloß Tirol / Fam. Schmoll: Hist. Fotos Hausen / Erich Schunk: Hist. Fotos Küferhandwerk / Christian Single: Tafeln Affenthaler, Clevner, Elbling, Muskateller
Alle anderen Fotos: Gudrun Mangold
Umschlag, Satz und Gestaltung: ZZ-Graphik, Heidelberg
Druck: Gulde-Druck, Tübingen
Printed in Germany

Strümpfelbacher Weinberg-Impressionen

Anstoß

Wieso noch ein Weinbuch? Dieses hat gefehlt – manchen grade noch.

Über Wein zu reden ist in – mitschwätza will man können. Muß man können. Es ist eine Frage des gesellschaftlichen Rangs. Wenn es bisweilen auch ein Haufen dummes Zeug ist, hört es sich doch gleich gescheit an, sobald man nur wenige Vokabeln der gehobenen Weinsprache beherrscht. Wo sonst könnte man mit solch minimalem Wissen solch maximalen Eindruck schinden?
Manchmal genügt sogar schon ein einziges Wort – „barrique“ zum Beispiel. Schreiben muß man es nicht können, auch nicht wissen, daß damit das aus dem Bordelais stammende Eichenfaß von 225 Litern Fassungsvermögen gemeint ist. Es reicht, wenn man das Wort aussprechen kann.
Wer einen Rotwein degustiert und dabei Aromen vorzugsweise von Cassis assoziiert – wer assoziiert mit Cassis eigentlich noch Dreibla? – liegt selten daneben, der fortgeschrittene Wein-Verstand wäre somit deklariert und der allseitige Respekt gesichert.
Wer dieses Gesellschaftsspiel beherrscht, darf sich beruhigt zur Noblesse zählen und grenzt sich somit deutlich ab vom Rest der ignoranten Welt. Oder man golft. Es ist wie mit dem blauen Blut. Wer immer kann, versucht, sich möglichst nah dazuzugesellen und so zu tun, als flösse es auch durch die eigenen Adern. Dabei kennen sich wenige wirklich aus. Warum läßt eigentlich niemand in einem Lokal das Tischtuch zurückgehen?, echauffiert sich ein zornesroter Professor an der südfranzösischen Université du Vin in Suze la Rousse. Niemand lasse das Tischtuch zurückgehen! Dabei würden die meisten der selbsternannten Wein-Kenner doch noch eher etwas von Tischtüchern verstehen als vom Wein.

Dieses Buch wird sich nicht einreihen lassen in die wie Pilze aus dem Boden schießenden Wein-Bücher, die in Wirklichkeit Werbe-Postillen für

– meist die immer gleichen – Wein-Erzeuger sind. Hier werden keine Spitzen-Weingüter abgeklappert, wird keine PR betrieben. Sich zur Schickeria der Wein-Szene zu gesellen und sich in noblen Häusern anheischig zu machen (je wichtigtuerischer, desto offener der Kofferraum...), wird anderen überlassen.

Was dieses Buch will, ist Lust machen, die reizvollen Weinlandschaften zwischen Bodensee und Taubertal kennenzulernen und die Gewächse, die von Region zu Region, von Ort zu Ort und von Winzer zu Winzer ihren ganz eigenen Charakter haben, am besten selbst zu probieren.
Für die traditionelle Vielfalt soll eine Lanze gebrochen werden. Unter Globalismus zu verstehen, daß alle auf einer Erde leben, daraus lassen sich viele positive Schlüsse ziehen. Zu folgern, daß überall alles zu haben sein muß und überall alles gleich schmecken muß, wäre jedenfalls in Sachen Wein fatal. Das Coca-Cola ist schon erfunden, und zu Recht erwartet man, daß es immer gleich schmeckt. Das Schöne am Wein ist das genaue Gegenteil. Klima, Böden, Sorten und nicht zuletzt Passion bestimmen den ganz individuellen und sich ständig verändernden Geschmack guter Weine. Je besser, desto überraschender.

In einem Band über die Württemberger Weinkultur gerät der Trollinger von selbst in den Brennpunkt. Wie keine andere steht diese Rebe für das Land selbst – so wie der Nebbiolo fürs Piemont oder das Zusammenspiel von Grenache, Syrah und Mourvèdre für das südliche Rhône-Tal. Dennoch oder gerade dadurch gerät der typischste Wein für Württemberg immer wieder in Mißkredit. Dies vor allem, weil man Äpfel mit Birnen verwechselt. Es ist unsinnig, den Trollinger mit schweren Weinen vergleichen zu wollen. Sein Kennzeichen ist es gerade, leicht und fruchtig zu sein, weshalb übrigens kräftige Holztöne, nach denen bei selbsternannten Wein-Spezialisten gerne geschrien wird, seine feinen Aromen erschlagen würden. Der Trollinger gehört zu Württemberg wie das Vesper, das ja

auch nicht mit einem Menu im Sternelokal verglichen wird und zu dessen Hauptgang ruhig körperreichere Gewächse gereicht werden sollen.
Es ist außerdem einfach lächerlich, in fremden Landstrichen, meist da, wo man Urlaub macht, das Besondere, das Typische, das Urtümliche zu suchen, und es dann auf die eigene Region übertragen zu wollen. Das ignoriert genau das Wesen dessen, was man sucht, nämlich das Authentische. So wie zum Beispiel der Sangiovese in der Toskana haben sich auch der Trollinger und andere traditionelle Sorten Württembergs meist über Jahrhunderte an die ganz speziellen Bedingungen von Böden und Klima angepaßt.

Manches, was in der Wein-Literatur zu finden war, insbesondere in der als gehoben firmierenden, konnte en passant bei diesem Streifzug durch die württembergischen Weinregionen nicht unwidersprochen bleiben. Auch nicht das merkwürdige Gerücht, die Römer hätten den Weinbau zwar ins Rheinland, aber nicht in württembergisches Gebiet gebracht. Dies wird nicht desto wahrer, je öfter es abgeschrieben wird.
Die Römer haben den Bodensee und den Neckar samt Nebenflüssen und Tauber ja nicht weiträumig umgangen – und ausgerechnet hier, wo mit die besten Bedingungen für Weinbau in Germania anzutreffen sind, sollen sie keinen Rebbau betrieben haben? Es war obligat, mindestens auf manche der sich aufdrängenden Bezüge zur römischen Besatzungszeit in den ersten drei nachchristlichen Jahrhunderten hinzuweisen.

In Württemberg ist es Tradition, mit den Gläsern anzustoßen. Im Falle dieses Buches darf dies auch sportlich verstanden werden.

Unterhaltsame Lese!

Württemberger Lagen

Seewein

Mit der südlichen Grenze Württembergs beginnt auch bereits der Weinbau des Landes, in der flachhügeligen Uferlandschaft des Bodensees.

Einzigartig ist hier vieles. Dank des riesigen Wärmespeichers, den der See darstellt, herrscht ein ganz eigenes Klima. Späte Fröste im Frühjahr, die den Weinblüten schaden könnten, sind am Bodensee selten. Im Herbst mildert das aufgeheizte Wasser die Kälte noch lange ab. Die spiegelnde Wasseroberfläche verstärkt das Sonnenlicht. Und noch etwas ist singulär innerhalb der Württemberger Weinregionen – die eiszeitlichen Böden. Gewaltige Gletscher haben ein nährstoffreiches Gemisch als Moränen von den Alpen bis hierher geschoben.

In früheren Jahrhunderten wurden diese Vorteile noch weitaus mehr für den Weinbau genutzt. So stehen zahlreiche Häuser Friedrichshafens in den ehemaligen Weingärten von Hofen, das zum Kloster Weingarten gehörte. Der Name verweist auf den reichen Rebbesitz des im 11. Jahrhundert von Welf IV. gestifteten und nahe Ravensburg erbauten Klosters, nach dem später auch die umgebende Siedlung genannt wurde und das bekannt ist für seinen alljährlichen Blutritt.

Mit großem Abstand die wichtigste Rebsorte der Bodensee-Region ist der Spätburgunder, der sowohl auf den Moränenböden direkt am See als auch auf den sich schnell aufheizenden Schwemmsandböden am Hochrhein bestens gedeiht. Der Spätburgunder macht etwa die Hälfte des gesamten Ertrags aus. Nach Gustav Schwabs 1826 erschienenem Bodenseebuch war es Kaiser „Carl der Dicke“, auf dessen Geheiß diese Rebe bereits im Jahr 884 im Königsweingarten der Pfalz Bodman angepflanzt wurde. Der am nordwestlichen Ende des Überlinger Sees gelegene Ort beziehungsweise das dort ansässige gleichnamige Adelsgeschlecht soll dem Bodensee insgesamt seinen Namen gegeben haben.

Bei den Weißweinen ist es vor allem der Müller-Thurgau, der für die Region typisch ist und der am meisten angepflanzt wird. Diese insbesondere gegen Trockenheit empfindliche Sorte fühlt sich in dem feucht-warmen Klima des Sees enorm wohl und entfaltet auf den Moränenböden seltene Eleganz und Fruchtigkeit.

Die Region Bodensee ist völlig abgetrennt von den anderen Weingegenden Württembergs, die allesamt durch den Neckar, seine Nebenflüsse und die flankierende Tauber miteinander verbunden sind. Dafür haben die Bodenseewinzer politische Grenzen überschritten und sich ein-

fach am See selbst orientiert. Entlang des nördlichen Ufers bilden somit die Weingärten von Ost bis West, vom bayrischen Lindau und Nonnenhorn über das württembergische Kressbronn und das badische Meersburg bis hin zum Hegau und dem Hochrhein eine weinbauliche Einheit.

Durch diesen Zusammenschluß umfasst die Weinregion Bodensee auch die höchst gelegenen Weinberge Deutschlands am vulkanischen Hohentwiel. Bis zu 560 Höhenmetern ziehen sich die Rebstöcke laut Dr. Jürgen Dietrich, Vorsitzender des Vereins Bodenseewein, in dem steilen Gelände hinauf. Der heiße Vulkanboden und die nach Süden ausgerichteten Rebpflanzungen garantieren Qualität. Mitte des 19. Jahrhunderts schrieb Pfarrer Ottmar Schönhuth über den Hohentwieler: „ächtes Berggewächs, gelb wie Gold und geistig wie Nektar“.

Am See herrscht ein ganz eigenes Klima

Vulkanische Siegertreppen

Die höchstgelegenen Weinberge in Deutschland sind am vulkanischen Hohentwiel. Die Rebstöcke dort wachsen bis zu 560 Metern über dem Meeresspiegel. Der höchstgelegene Weinort hingegen ist Kappishäusern mit 500 Höhenmetern am Jusi, der zusammen mit anderen Vulkankegeln den Albtrauf säumt.

Albwein

Kappishäusern - der höchste Weinort Deutschlands

Vom Bodensee aus in Richtung Norden muß man erst den in nordöstlicher Richtung verlaufenden, breiten Rücken der Schwäbischen Alb überqueren, bevor man wieder auf die ersten Reben stößt. Dies allerdings dann bereits in noch erstaunlicher Höhe des Albtraufs. Auf der zugigen und steinigen Hochfläche der Alb ist es so rauh, daß oft kaum das Mostobst wächst. Umso unerwarteter ist die idyllische Weinlandschaft, die sich plötzlich auf den Höhenzügen noch weit vor Metzingen auftut.

Höchster Weinort Deutschlands ist das winzige, lediglich aus zwei Weilern zusammengewachsene Kappishäusern am Jusi. Wie hingewürfelt verteilen sich die paar Handvoll Häuser hoch über dem engen Ermstal auf der einen und dem weitläufigen Neckartal auf der anderen Seite. In Kappishäusern selbst weiß man, daß das Rathaus ziemlich genau auf 500 Meter über dem Meeresspiegel gebaut wurde. Die talwärts abfallenden Rebkulturen reichen bis an diese Höhe hinauf*

Bis 1493 ist der Weinbau in Kappishäusern urkundlich zurückzuverfolgen. Auch die benachbarten Gemeinden sind traditionelle Weinorte, was allein schon die Wappen deutlich ausweisen. Eine prächtige, blaue Traube – und nicht etwa ein Krautskopf, wie man dem Namen nach meinen könnte – steht für das Dorf Kohlberg am Jusi. Ganz überrankt von einem fruchttragenden Rebstock ist das Wappen von Neuhausen. Kurioserweise ziert hingegen ausgerechnet ein Kohlkopf das Stadtwappen des für seine sieben Keltern berühmten Metzingen.

Vulkankegel wie der Georgenberg und die Achalm bei Reutlingen, der Floriansberg bei Metzingen, der Jusi zwischen Kappishäusern und Kohlberg und die Limburg bei Weilheim säumen den Albtrauf. Die erloschenen Vulkane mit ihren hitzigen Böden spielen eine ganz wesentliche Rolle für den auch im Albvorland bereits früh begonnenen Weinbau. Nicht umsonst hatten zahlreiche Klöster im Mittelalter hier Besitzungen und förderten die Anpflanzung von Reben in dem Kleinklima. Ein Mönch des Klosters Zwiefalten, offenbar leicht berauscht, schwärmt im Jahr 1135 über den Weinberg Hofbühl bei Neuhausen an der Erms, man habe 64 Fässer füllen können, „so vom Honig überfließend ist zur Zeit dieser Himmelsstrich...“.

Die grauen Verwitterungsböden des Basalttuffs, den die Eruptionen der Vulkane

*Allerdings wachsen die Kappishäuserner Rebstöcke nicht auf 580 Metern, wie von Lehrer und Weinmacher Helmut Dolde kundgetan in dem Buch „Weinmacher in Württemberg. Eine Weinregion im Aufbruch“, herausgegeben von Chris Meier und Bernd Kreis, erschienen in der Edition Neumeier, Stuttgart 2004. Wörtlich schreibt Dolde, der in Frikkenhausen-Linsenhofen ansässig ist: „Wir haben die höchst gelegenen Weinberge in Deutschland. Markant zeichnet sich an der Horizontlinie der Schwäbischen Alb der Hohenneuffen ab. Rechts davon ist ein kahler Rücken, der Jusi. Das ist ein ehemaliger Vulkan, dahinter liegt der kleine Ort Kappishäusern mit seinen Weinbergen auf 580 Metern Höhe. Hier in Linsenhofen wachsen die Reben bis 430 und in Neuffen bis 550 Meter hoch. Höher gelegene Rebstandorte gibt es in Deutschland nicht.“
In Kappishäusern selbst, einschließlich der Ortsverwaltung, weiß man von solch hohen Rebstandorten nichts. Eine Bäuerin verweist lachend hinüber auf den Jusi, auf dem die Reben dann ja wachsen müßten. Aber der ist eben, ganz wie Dolde schreibt, kahl.
In Kappishäusern überläßt man den Superlativ der höchsten Weinberge Deutschlands gerne den Winzer-Kollegen am Hohentwiel und begnügt sich völlig gelassen, der höchst gelegene Weinort zu sein.Auch in Neuffen kann man Doldes Behauptung nicht bestätigen. Die höchsten Rebstöcke stehen hier auf 523 Höhenmetern, was die Stadt auf Anfrage eigens noch einmal vermessen ließ. Unter Federführung Willy Heinickels wurde auch der allerhöchste Rebstock Kappishäuserns ausgemacht, bei dem 506 Höhenmeter gemessen wurden. Das ist somit amtlich.

Über dem Ermstal - die Rebstöcke von Kappishäusern

Weinberge am Hohenneuffen

durch die Juraschicht an die Oberfläche geschleudert haben, sind einerseits mineralisch und verleihen den Weinen entsprechend interessante Noten. Zum anderen ist dieses Gestein quasi ein Ofen für die Reben. Es erwärmt sich schnell und ist in der Lage, die Hitze zu speichern beziehungsweise langsam wieder abzugeben, was den Weinbau in diesen Höhenlagen, wo die Nächte schnell empfindlich kalt werden, erst ermöglicht.

Doch nicht ausschließlich auf Vulkanböden wachsen in dieser Region die Rebstöcke. Es finden sich auch Weinberge auf den Kalken des benachbarten Braunen Jura, ein ebenfalls warmer Boden aus den

Weinböden - Jura und Basalttuff, schwarz, braun und weiß

Der Name Alb kommt aus dem Lateinischen und bedeutet nichts anderes als weiß, die Alb ist also einfach die Weiße oder das weiße Gebirge. Am Albtrauf rund um Bad Urach findet man Juraböden direkt neben manchmal fast schwarzem Vulkangestein. Zwischen Reutlingen und Laichingen, Kirchheim unter Teck und Münsingen zählt man 365 Vulkanschlote, die das Jura-Gebirge Alb durchschlagen und mit dem nach oben beförderten Tuffgestein durchsetzt haben. So kommt es manchmal zu fast schwarz-weißen Formationen.
In den wasserundurchlässigen Tuffbecken sammelte sich der Regen. Diese sogenannten Hülen bildeten die einzigen Wasserreservoire auf der Hochfläche des verkarsteten Gebirges. Die ersten Siedlungen auf der Alb entstanden an diesen Wasserstellen. Auch das Schopflocher Hochmoor und das Randecker Maar sind durch die Vulkane entstanden, ebenso gehen die Thermalbäder Beuren und Bad Urach darauf zurück.
Die Reben auf den Ausläufern der Alb sind teils auf Braunem Jura, teils auf vulkanischem Basalttuff gepflanzt.

Ablagerungen eines ehemaligen Meeres. Die Reben auf diesem Boden geben rundere, vollmundigere Weine, sie haben ein anderes Bodagfährdle als die Vulkangewächse, die eher spritzig bis pikant geraten. Der Silvaner gedeiht am Albtrauf besonders gut. Gerade die kühlen Nächte können ihm zwar einerseits durch den hitzespeichernden Grund wenig anhaben, verleihen ihm andererseits jedoch einen außergewöhnlich frisch-fruchtigen Geschmack.

Täleswein nennt man herkömmlicherweise die Gewächse aus dem Tal der Steinach bei Neuffen. Die sich hier bis knapp über 520 Meter hochziehenden Rebstöcke werden geschützt durch Jusi, Hörnle und Hohenneuffen. Auch die anschließenden Orte Balzholz, Beuren, Linsenhofen und Frickenhausen pflegen noch einen Teil ihrer alten Weinberge. Im Raum Kirchheim unter Teck hat man den Weinbau lediglich in Weilheim noch erhalten. Die an der vulkanischen Limburg gelegene Zähringerstadt ist zusammen mit Hepsisau außerdem die größte Kirschanbau-Gemeinde Deutschlands.

Auch im unteren Tal der Fils, die ebenfalls auf der Alb, im Hasentobel bei Wiesensteig, entspringt, gab es einst Weinberge.

Geringe Rebflächen bewirtschaftet man noch und wieder in Reutlingen an den Ausläufern der Achalm. Kaum zu glauben, daß die Weingärtner, gefolgt von den Küfern, in der mittelalterlichen Reichsstadt die größten Zünfte bildeten. Noch zu Beginn des 19. Jahrhunderts waren es mit

Den Paragraphen abgetrotzt: die Rebkultur der Initiative Reutlinger Wein

400 Familien rund 20 Prozent der Bürgerschaft, die an Achalm und Georgenberg Weinbau betrieben.

Die erste Urkunde über den Reutlinger Wein wurde 1274 in lateinischer Sprache verfaßt und nennt „vinea in clivo Achalm sita". Wahrscheinlich hat es hier also bereits vorher Weinbau gegeben.

Der Ruf des Reutlinger Weins war nicht immer der beste. So wird kolportiert, daß der österreichische Generalleutnant Prinz Eugen bei einem Besuch in der Reichsstadt, der somit nach 1717 stattgefunden haben müßte, geäußert habe, statt noch einmal Reutlinger Wein zu trinken, erobere er lieber ein zweites Mal Belgrad.

Auch in Reutlingen selbst, wo man von dieser Gegebenheit ungeniert auf der städtischen Internet-Seite berichtet, hat man vom heimischen Gewächs weiland offenbar nicht allzu viel gehalten. 1824 heißt es in einer Oberamtsbeschreibung, der Wein sei „in Verbindung mit dem vielen Obstmost, der zu Reutlingen und Pfullingen erzeugt wird, eine sehr schätzbare Gabe der Natur, besonders für die arbeitende Klasse". Die Oberschicht hatte demnach also wenig Interesse, weder am Echaztäler Wein noch am Most.

Noch drastischer wird die offizielle Beschreibung von 1893 und bescheinigt den Reutlinger Wengertern eine „bewunderungswerte, einer besseren Sache würdigen Ausdauer". Aber die Reutlinger, so heißt es weiter, seien nicht dazu zu bewegen, „den Boden nutzbringender anzulegen".

Das hat sich mehr als gründlich geändert. 1957 waren gerade noch zwei Hektar Rebfläche übriggeblieben von den dreihundert Hektar, die im 17. Jahrhundert zur Gemarkung Reutlingens gehört hatten. Die Stadtverwaltung nahm dies zum Anlaß, einen städtischen Musterweinberg anzulegen, um so die Reutlinger Wein-Tradition fortzuführen.

Dies wollte auch der Reutlinger Gerhard

Henzler, der 1989 antrat, einen kleinen Teil der historischen, längst aufgegebenen Weinberge am Schönen Weg wieder bestocken zu wollen. Offene Türen rannte Henzler nicht gerade ein – Rebenaufbauplan einerseits und Bebauungsplan andererseits sahen die Realisierung dieser Idee an der Achalm einfach nicht vor. Punkt.

Henzler zeigte sich unverdrossen, kämpfte, setzte sich mit der Stadtverwaltung, dem Regierungspräsidium Tübingen, dem Landwirtschaftsministerium in Stuttgart und mit EU-Verordnungen auseinander. Satte zehn Jahre, sagt er, habe er „romtelefoniert", die Widerstände seien „bogglheerd" gewesen.

Schließlich obsiegte Henzler und die von ihm gegründete Initiative Reutlinger Wein gegen alle Paragraphen und bepflanzte den Fuß der Achalm 2003 wieder mit tausend Rebstöcken. Weithin sichtbar ist der winzige und einzige private Weinberg über der Stadt.

Zur Produktion eines Schillerweins entschied sich Henzler neben Schwarzriesling, Spätburgunder und Chardonnay auch für Müller-Thurgau und Portugieser – letztere stehen auch im städtischen Wengert, es waren einst die in Reutlingen vorgeschriebenen Rebsorten.

„Neckerwein - Schleckerwein“

Flußwein

„Neckerwein, Schleckerwein", lautete ein vielsagender Werbe-Slogan im Spätmittelalter. Neckarland ist uraltes Weinland. Von der Römersiedlung Rottenburg am oberen Neckar bis hinter Gundelsheim, wo das Gewässer dann badisch wird und wo man ebenfalls reichlich römische Spuren gefunden hat, durchziehen die großenteils steilen Weingärten entlang des Neckars und seiner Zuflüsse – Ammer, Rems, Murr, Bottwar, Enz, Zaber, Schozach, Lein, Sulm, Kocher, Jagst – das Land. Im äußersten Nordosten Württembergs schließt die Weinregion der in den Main fließenden Tauber an.

Was die Böden anbetrifft, sind es zwei sich abwechselnde Hauptgruppen. Zum einen der Keuper bis Bad Cannstatt, wo dann Muschelkalk folgt. An Stromberg, Heuchelberg und Schwäbisch-Fränkischem Wald ist wieder der Keuper an der Oberfläche, der bei Heilbronn ein weites Becken bildet und in dem der Neckar seine Auen gebildet hat. An den Flußläufen von Kocher, Jagst und Tauber ebenso wie am Neckar ab Bad Wimpfen tritt wieder der Muschelkalk zutage.

Neckarland ist Weinland

Abenteuerlich...

Immer wieder, ob im Keuper- oder Muschelkalk-Gebiet, trifft man auf noch intakte, uralte, von der Rebflurbereinigung verschonte Weinberglandschaften. Mit terrassierten, teils immens abschüssigen Steillagen, in denen die Rebstöcke auf kurzen, waagrechten Flächen stehen, die von den typischen Trockenmauern gehalten werden. Mit Wasserstaffeln, die starken Regen ableiten, damit der wertvolle Boden nicht abgeschwemmt wird.
Und mit schmalen, roh gehauenen Trep-

pen und nur zu Fuß zu begehenden, gepflasterten Pfaden. Oder manchmal mit abenteuerlichen und teils klapprig anmutenden Schrägaufzügen, deren Bahnen problemlos auch auf einem Jahrmarkt für Aufregung sorgen würden.
Die Trockenmauern wie die in Jahrhunderten aufgehäuften und nur noch an wenigen Orten zu findenden Steinriegel sind Refugien für Flora und Fauna, etwa die in den Weinbergen häufig anzutreffende Mauereidechse. Sie bevorzugt die sich stark aufheizenden Steine der alten Mauern zum Sonnenbaden. Für die Reben stellen die Steinmauern ebenfalls einen wertvollen Wärmespeicher dar.

... die Schrägaufzüge in den Steillagen

Weinböden - Keuper und Muschelkalk

sind typische Böden der Württemberger Weinlagen. Im sogenannten südwestdeutschen Schichtland, zu dem Württemberg gehört, sind diese unterschiedlich alten Gesteinsschichten an der Oberfläche zu finden. Eigentlich würde der jüngere Jura die folgenden Schichten Keuper, Muschelkalk und Buntsandstein bedecken. Bedingt durch den Rheingrabenbruch und dadurch hervorgerufene Anhebungen kam es jedoch in weiten Teilen des Landes zu Schräglagen. Somit wurden die unteren Schichten teilweise nach oben geschoben. Fossilien, also versteinerte Pflanzen und Tiere, die man in den verschiedenen Ebenen findet, geben Auskunft über die Epochen der Erdzeitalter. Entstanden sind diese Ablagerungsschichten durch Meere, die sich in Urzeiten über das Gebiet und weit darüber hinaus erstreckten, sowie deren Verlandungen. Keuper wird von den Winzern auch deshalb geschätzt, weil er sich relativ schnell erwärmt und sehr wasserdurchlässig ist. Auf Keuper gewachsene Weine werden oft als von großer Fülle beschrieben. Wie der Name schon andeutet, besteht der Muschelkalk vorwiegend aus den Rückständen eines Meeres, allerdings nicht nur den Schalen von Muscheln, sondern auch kalkhaltigen Teilen anderer Meeresbewohner. Wenn von filigranen, also feingliedrigen Weinen die Rede ist, so sind es meist auf Muschelkalk gewachsene.

Oberer Neckar, Ammer

Mit vereinzelten und nur noch sehr kleinen Anbauflächen bei Rottenburg und Tübingen beginnt der Weinbau im hier breiter werdenden Tal des oberen Neckars, und auch entlang der bei Tübingen in den Neckar mündenden Ammer gibt es noch ein paar wenige Weinberge. Allesamt sind sie als Farbtupfer weithin sichtbar, weil sie mit meistens leuchtend blauen Netzen abgedeckt sind. Da die kleinen Rebkulturen so isoliert sind, wären die süßen Trauben ungeschützt von den Vögeln schnell geplündert.

Daß der Rebbau hier die Flußläufe früher schier lückenlos begleitet hat, sieht man der Landschaft noch gut an. Häufig mit Obstbäumen bepflanzt oder auch völlig verwildert, sind viele der einstigen Wein-Terrassen noch erhalten geblieben. So mühevoll sie errichtet wurden, so stabil sind sie offenbar auch. Und auch wo die Terrassen abflachen, zeigen sich die Hügel noch mit Resten von Mauern und Mäuerchen geradezu übersät. Im Mittelalter gehörte – ganz wie im benachbarten Reutlingen – über die Hälfte der Tübinger Bürger zum Weingärtnerstand.

Weinberge an der Wurmlinger Kapelle

Neben klösterlichem Besitz, den sie vor allem für die Zisterzienser im nahen Bebenhausen bewirtschafteten, kelterten die im Volksmund Gogen oder Raupen genannten Tübinger Winzer auch ihre eigenen Gewächse. Reich wurden sie

Teils noch bewirtschaftet, teils aufgegeben - uralte Weinterrassen im Ammertal

davon allerdings nicht, wie man ihren an der Ammer gelegenen Häusern der Unterstadt ansieht – ein eher schlichtes Dorf im Vergleich zu den stattlichen Gebäuden auf der anderen Seite des Schloßbergs, die weitgehend den sogenannten besseren Herrschaften der Universitätsstadt vorbehalten war, was zu ständigen Spannungen führte.

Der hohe Grundwasserspiegel im Ammertal erlaubte es hier nicht, umfangreiche Weinkeller zu bauen. Immer wieder gab es arge Überschwemmungen, an der Jakobuskirche sind die Hochwasserstände markiert. So blieb den Weinbauern entweder, den Most sofort nach dem Pressen – und das heißt ja fast automatisch auch zu schlechten Preisen – zu verkaufen. Oder man belegte einen der zahlreichen Keller unter den Häusern der steilen Haag- oder Münzgasse. Bis zu vier und

Die nur noch winzigen Rebflächen muß man mit Netzen vor den Vögeln schützen

fünf Stockwerke übereinander hat man dort Weinkeller in den Berg hinein gebaut. Hermann Gugel, Weingärtner in Tübingen, erinnert sich an die Erzählungen seiner Mutter. Wie man ein Mädle oder einen Bua jeden Tag in diesen aushäusigen Keller geschickt habe, um einen Krug voll Wein oder Most zu holen.
Obwohl aus Tübingen Wein nach Ulm und in die Schweiz exportiert wurde, war für viele Weingärtner hier doch kein Auskommen möglich, wobei sicher auch das albnahe, noch relativ rauhe Klima eine Rolle spielte. Die Mentalität des Standes schien jedenfalls von Unzufriedenheit geprägt. In einer Oberamtsbeschreibung liest man über den Prototyp des Tübinger Weingärtners: „Von ausnehmend hartem, zähem Stoffe leistet er in der Arbeit Außergewöhnliches und repräsentiert nahezu eine mittlere Pferdekraft, ermangelt aber dafür aller jener Gefühle, welche man unter dem Begriff Pietät zusammenfaßt". Der Unmut entlud sich nicht nur in den mehr als derben Gogenwitzen. Die Armut der Tübinger Bevölkerung und insbesondere der Weinbauern führte dazu, daß viele ihre Heimat verließen und auswanderten.
Mehr und mehr Weinberge wurden ausgestockt und vielfach statt mit Trauben mit Dreibla bepflanzt. Dreibla ist zwar die schwäbische Verkleinerungsform von Trauben, gemeint sind aber die Johannisbeeren. Aus denen stellte man dann den wegen seines hohen Zucker- und Alkoholgehaltes sehr berüchtigten Dreiblesmost her, ein Weinersatz, der in Tübingen

<u>Gogenwitzigkeit</u>

Tradition hat bei den Reutlinger und Tübinger Weingärtnern vor allem die tiefe Feindschaft untereinander. In den sogenannten Gogenwitzen befinden sich die beiden Städte stets im Wettbewerb um den schlechtesten Wein. So sagt zum Beispiel ein Reutlinger Wengerter zu einem Tübinger,
Dei Wei, der isch so sauer, der reißt oim jo Lechr en da Ranza nei!
(Dein Wein, der ist so sauer, der reißt einem ja Löcher in den Bauch!). Worauf die trockene Antwort lautet, Ond dei Wei, der isch so sauer, der ziagt oim dia Lechr grad wiedr zamma.
(Dein Wein wiederum, der ist so sauer, der zieht einem diese Löcher problemlos wieder zusammen).

eine Zeit lang weit verbreitet war und dessen Wirkung sicher auch nicht zu der in oben genannter Quelle vermißten Pietät beigetragen hat.

Im Jahr 2004 zählte man bei der 125-Jahr-Feier der Tübinger Weingärtnergenossenschaft noch 39 Mitglieder, von denen 14 Wein anbauen. Innerhalb des Stadtgebiets sind es zusammen noch ganze zwei Hektar, die einzelnen Parzellen hier und in der näheren Umgebung zwischen drei und zehn Ar klein. Sogar unterhalb des Schlosses hat man – unter Mißachtung des gesetzlichen Rebaufbauplans, der das nicht vorsah – wieder ein paar Rebstöcke gepflanzt. Die illegale Zier wird in diesem minimalen Umfang jedoch amtlicherseits geduldet.

Eine Besonderheit bei der Tübinger Genossenschaft, deren Weingärtner gemeinsam in der alten Kelter an der Ammer pressen: Im Gegensatz zu anderen Winzergenossenschaften baut man nicht gemeinsam aus, sondern jeder nimmt seinen eigenen Most komplett mit nach Hause, wo er dann zum Wein reift.

Noch gut zu erkennen sind die Trockenmauern der lange aufgegebenen Weinberge

Weiter den Neckar hinab stößt man erst wieder bei Plochingen, wo die Fils mündet, auf einzelne Rebkulturen. In früheren Jahrhunderten war der Weinbau in Plochingen der Haupterwerbszweig, die Stadt war ganz von Weinbergen umgeben. Anders jedoch als etwa in Untertürkheim, hat sich in Plochingen mit der zunehmenden Industrialisierung der Weinbau nicht einmal mehr im Nebenerwerb erhalten. 1929 wurden die letzten Rebkulturen der Stadt aufgegeben. Vorerst. Denn 1982 unternahmen der Bürgermeister, Gemeinderäte und weitere Honoratioren der Stadt eine gemeinsame Neckarschiffahrt. Dabei genossen die Plochinger besonders die Sicht auf die schönen Weinberge, die sich ab Esslingen neckarabwärts wie an einer Perlenkette aneinander reihen und die Kulturlandschaft so romantisch anmuten lassen – und mit einem Mal vermißte man die aus der eigenen Stadt restlos verschwundene Rebkultur schmerzlich.

Obwohl in Plochingen die Initiative von der Stadtverwaltung selbst getragen wurde, und obwohl ein geeignetes Grundstück im Gewann Nothalde gefunden wurde, gab es behördlicherseits einiges zu deichseln – eine Rebpflanzung war von übergeordneter amtlicher Seite zunächst untersagt. Erst als man den künf-

Johann und Johannes lauteten, hießen die Plochinger sehr häufig Hans.

Vom Weinbau-Experten Balthasar Sprenger (1724–1791) wird die Plochinger Spezialität als „eine Art wie Vältliner" beschrieben, jedoch als roter. Josef Gauland hingegen, Vorsitzender des Plochinger Vereins, weiß aus der Stadthistorie, daß es der Kleine oder Grüne Veltliner war, der früher in Plochingen überwiegend angebaut wurde. Neben Riesling, Kerner, Trollinger und Dornfelder hat man deshalb besonders auf diese historische Sorte bei der Neupflanzung Wert gelegt. Die Rebstöcke hat man aus Niederösterreich geholt, wo der Veltliner am weitesten verbreitet ist. Laut Gauland ist Plochingen der einzige Ort in Deutschland, wo der Veltliner noch oder vielmehr wieder angebaut wird

tigen Weinberg knitz zum Denkmal erklärte, hatte man einen Weg gefunden, die Paragraphen elegant zu umschiffen. Der Verein für den Historischen Weinbau in Plochingen setzte 1983 wieder Reben auf Plochinger Gemarkung, 1986 kelterte man zum ersten Mal erneut Hansenwein. Bereits in früheren Jahrhunderten war Hansenwein ein Synonym für Plochinger Wein. Im Gegensatz zu anderen Gemeinden, wo die entsprechenden Vornamen

Eine Neckarschiffahrt brachte die Plochinger Honoratioren auf andere Gedanken

Stadtwein

Der alte Stadtkern Esslingens ist geprägt vom Weinbau und dem umfangreichen Handel mit Wein. Zu den architektonischen Sehenswürdigkeiten gehören die mächtigen Fachwerkkonstruktionen der sogenannten Pfleghöfe aus dem 12. und 13. Jahrhundert. Auswärtige Klöster haben sie samt Keltern und Kellern für ihren Weinbau in der Reichsstadt gebaut und unterhalten.

Die Esslinger Burg...

Direkt am Marktplatz steht der ehemalige Speyrer Pfleghof, der seit 1832 Sitz der Firma Kessler ist, Deutschlands erster Sekt-Kellerei.

Besonders imposant sind die steilen, von der Stadt selbst bewirtschafteten Weingärten unterhalb der Burg. Mit weit ausgreifenden, steinernen Armen umfaßt der hoch gelegene Teil der Stadtbefestigung die abschüssigen Rebanlagen. Romantisch muten Wehrgänge, Türme und Türmchen zum Schutz der Stadt und ihrer Weinberge an den Ausläufern des Schurwalds an.

Die Rebflächen auf dem Ailenberg zwischen Mettingen und Obertürkheim hießen laut einer Urkunde von 1297 früher Ölberg, was sicher nicht auf Olivenbäume hinweist. Vielmehr finden sich auch in der Schweiz mehrere Orte, in denen die Weinberge früher Ölberg genannt wurden. Von schlechten Lagen wird man dabei sicher nicht ausgehen brauchen.

Zu den lokalen Spezialitäten Esslingens zählt seit 1977 der „Faifegrädler", ein Spätburgunder Weißherbst der Lage Schenkenberg. Den Namen erhielt der zur 1200-Jahr-Feier der Stadt erstmals gekelterte Wein vom Kirchturm Mettingens. Der hat neben einer mittleren Spitze noch vier Ecktürmchen. Aber egal, von wo aus man zum Kirchturm hochschaut, man sieht immer nur insgesamt vier Spitzen.

Auch bei der 1200-Jahr-Feier hat man, wie dies bei solchen Anlässen üblich ist, ein bißchen gerundet. Zwar stammt die erste Urkunde Esslingens aus dem Jahr 777. Aber mit diesem Papier vermachte ein Abt Fulrad seine – infolgedessen also

bereits vorher bestehende – Cella nomine Ezelinga an sein Heimatkloster St. Denis bei Paris.

Daß man Fünfe grade sein ließ, von so viel Toleranz konnte in früheren Jahrhunderten im Verhältnis zwischen der Reichsstadt Esslingen und der benachbarten württembergischen Residenzstadt Stuttgart bestimmt nicht die Rede sein. Vielmehr kam es immer wieder zu heftigen politischen Konflikten und zu Zollstreitigkeiten, Mitte des 15. Jahrhunderts sogar zu einem jahrelang gegeneinander geführten Städtekrieg.

Doch inzwischen geht man sogar quasi nahtlos ineinander über. Zwischen den beiden Kernstädten folgt dicht an dicht ein ehemals selbständiger Weinort auf den anderen, die jedoch allesamt entweder zu Esslingen auf der einen oder zu Stuttgart auf der anderen Seite gehören.

...schützt Stadt und Wein

Kirchen, Stadtbefestigung und Pfleghöfe gehören zu den architektonischen Sehenswürdigkeiten Esslingens

„Neckar-Mousseux"

1826 gründete Georg Christian Kessler (1178–1842) die erste Sekt-Kellerei Deutschlands in Esslingen. Mit dem Champagner war der gelernte Kaufmann bestens vertraut. Seit 1807 hatte er für die berühmte Veuve Clicquot gearbeitet, der Grand Dame des Champagners im französischen Reims. Obwohl es Kessler zum Teilhaber von Clicquot gebracht hatte, trennte er sich von dem renommierten Haus. Zunächst auf Gut Neuhof nahe seiner Geburtsstadt Heilbronn begann er, aus heimischen Traubensorten Schaumweine herzustellen. Elbling, Clevner und Riesling schienen ihm geeignet. Wohl größte Anfangsschwierigkeit war jedoch, daß von der ersten Produktion etwa die Hälfte der Flaschen explodierte. Kessler hatte noch nicht das richtige Behältnis gefunden, um den Druck der stark kohlensäurehaltigen Weine zu bändigen. Nach dem Vorbild seiner ehemaligen Chefin Clicquot, der es gelungen war, ihr Produkt an den europäischen Höfen zu etablieren, konnte schließlich auch Kessler das württembergische Königshaus von seinem „Neckar-Mousseux" überzeugen – sogar so sehr, daß er dafür geadelt wurde und seine Bouteillen mit einem „von" verzieren durfte.

Bei Cannstatt macht der Neckar ein Knie und biegt vor dem Stadtzentrum Stuttgarts in nördliche Richtung ab. Während Cannstatt schon zu Beginn des ersten Jahrtausends für die Römer ein wichtiger ziviler wie militärischer Stützpunkt war und auch Esslingen bereits um 800 das Marktrecht erhielt, war von Stuttgart noch lange nicht die Rede. Am Nesenbach, der den Stuttgarter Talkessel durchfließt, gab es zunächst nur eine kleine, politisch völlig unbedeutende Siedlung, deren späterer Name auf ein wohl im 10. Jahrhundert gegründetes Gestüt, einen Stutengarten, zurückgeht. Der Ort kam in den Besitz der Markgrafen von Baden, die

Stäffele rauf,
Stäffele ronter ...

Auf dem Zuckerberg wächst das renommierte Cannstatter Zuckerle

ihn 1219 zur Stadt erhoben. Durch eine badisch-württembergische Heirat fiel Stuttgart den zum Grafengeschlecht aufgestiegenen Württembergern zu, die es im 14. Jahrhundert zu ihrer Residenzstadt ausbauten.

Weinberge gab es am Nesenbach aber schon lange vorher. Bereits ab dem 11. Jahrhundert bestockten zahlreiche Klöster die geschützten Hanglagen des weitläufigen Talkessels. Davon sind, was die Größe anbetrifft, vergleichsweise nur kümmerliche, jedoch überaus reizvolle Flecken übrig geblieben – dies sogar mitten in der City der verkehrsgequälten Landeshauptstadt, die von diesem Schmuck überaus profitiert.

Cannstatt am Neckar wurde 1905 von Stuttgart eingemeindet und bildet den ältesten und größten Stadtteil der Metropole. Mineralquellen und besonders Thermen waren für die Römer und ihre Badekultur bevorzugte Siedlungsplätze – so auch das quellenreiche Cannstatt.

Ob der Name der Stadt nun auf lateinisch Condita, die Gegründete, zurückgeht oder nicht – die Kanne in Namen und Wappen Cannstatts steht sicher nicht zuletzt auch für den Wein, der auf den hier beginnenden Muschelkalkterrassen des Neckartales ganz besonders gut gedeiht.

Das Cannstatter „Zuckerle" ist nicht nur Stuttgarts begehrtestes Gewächs, sondern eine der bekanntesten Lagen Württembergs überhaupt. Der so bezeichnete Wein wächst in den allersteilsten Lagen der Stadt, auf dem Zuckerberg zwischen Bad Cannstatt und Hofen. Hauptsächlich Trollinger und Riesling versüßen auf dem nur flach mit Verwitterungsboden bedeckten Muschelkalk der sonnigen Terrassen, besonders gegenüber dem Max-Eyth-See, das Stuttgarter Weinsortiment.

Mittlerer Neckar, Rems, Enz, Murr, Bottwar

Weiter entlang des Neckarlaufs mündet – der Name sagt es – bei Neckarrems eben die Rems in den Neckar. Mit Recht spricht man bei den Rebkulturen des Remstals von Weinbergen. Sie begleiten, unterbrochen von Obstwiesen und Beerenfeldern, nicht nur beide Seiten des Flusses, sondern ziehen sich auch noch in die vielen kleinen Seitentäler.

Am albnahen Oberlauf der Rems liegt die ehemalige Reichsstadt Schwäbisch Gmünd, in deren Gärten im Mittelalter zwar auch Wein gewachsen ist, der aber so sauer gewesen sein soll, daß die

Weinlandschaft bei Stetten im Remstal

Gmünder auch in Grunbach noch großflächig Weinberge dazu pachteten.
Die von Wein und Fachwerk geprägte Stadt Schorndorf hat, wie auch andere Weinorte, eine Geschichte überaus mutiger Frauen aufzuweisen. Die „Weiber von Schorndorf", so die Stadtlegende, haben 1688 verhindert, daß Schorndorf an den französischen General Mélac übergeben wurde. Württemberg und seine Residenz waren durch den Pfälzischen Erbfolgekrieg (1688-97) bedroht. Herzog-Administrator Friedrich Carl soll, um Stuttgart zu schützen, Boten nach Schorndorf geschickt haben, um der Stadt an der Rems den Kapitulationsbefehl gegenüber den Franzosen zu überbringen.
In Schorndorf sah man sich keineswegs veranlaßt, diesem Befehl Folge zu leisten. Vielmehr sandte man seinerseits Leute zu den kaiserlichen Truppen, um sie um Unterstützung zu bitten. Innerhalb der Stadt ließ derweil die Bürgermeistersgattin Anna Barbara Walch, spätere Künkelin, sämtliche Frauen zusammenrufen. Gemeinsam – und bewaffnet mit allem, was ihnen in die Finger kam, wie zum Beispiel Mistgabeln – stürmten die Weiber von Schorndorf unter Anführung der couragierten Schultese das Rathaus und setzten dort die Stuttgarter Abgesandten für drei Nächte und zwei Tage fest.

Abstieg nach Stetten

Als am 17. Dezember 1688 Mélac aufmarschierte mit der Erwartung einer kampflosen Übergabe, zeigten sich die Damen Schorndorfs weiterhin stur. Mélac ließ daraufhin im Vorort Haubersbronn etliche Häuser anzünden, bevor dann eine Hilfstruppe des Kaisers herbeieilte und die Franzosen vertrieb.
Weiter das Remstal hinunter folgt Winterbach, an das sich eigentlich, rechts wie links der Rems, ein wohlklingender Weinort an den anderen reiht. Nur hat man mit der Gebietsreform Mitte der 70er Jahre die Remstal-Kommunen namentlich schwer simplifiziert. Aus Hebsack, Rohrbronn, Geradstetten, Buoch und Grunbach wurde Remshalden - man hätte ja auch gleich das ganze Tal so nennen können. Dafür vereinheitlichte man einen weiteren großen Teil als – auch nicht sehr lokalbezogen – Weinstadt, das die Orte Beutelsbach, Schnait, Strümpfelbach, Endersbach und auf der anderen Seite der Rems noch Großheppach zusammenklammert.
Anders als Großheppach kam Kleinheppach jedoch zu Korb – und nicht nur das: die die Gemeindereform begleitende sogenannte Rebflurbereinigung zerstörte das über Jahrhunderte bewährte Gefüge aus Terrassen und Mäuerchen so gründlich, daß 1988 der Kleinheppacher Kopf in voller Breite abrutschte.
Rommelshausen und Stetten schließlich wurden zu Kernen zusammengefaßt.
Was all diese Remstäler Orte, und dazu noch die ehemalige Stauferpfalz Waiblingen und das zwischen Remstal und Neckartal gelegene Fellbach, verbindet, ist in erster Linie ihre lange Weingeschichte. Auf Fellbacher Gebiet hat man bereits im 16. Jahrhundert in einer Weinbergmauer am Kappelberg eine 1,30 Meter hohe Mithras-Skulptur aus der Römerzeit gefunden, was dafür spricht, daß bereits die Römer Rebstöcke auf dem lößreichen Boden angepflanzt haben. In den Wappen von Winterbach, Schnait, Strümpfelbach, Endersbach, Großheppach und Korb schlug sich der Weinbau auch symbolisch nieder in Abbildungen von Reb-

Palmisch-Birnenbaum über den Weinbergen von Strümpfelbach

stock, Trauben und Rebmessern, den sogenannten Hapen.

Glücklicherweise drucken nicht nur die privaten Weingüter, sondern auch die in Beutelsbach befindliche Remstalkellerei – so wie auch andere Weingenossenschaften des Landes - die ursprünglichen Orte noch auf viele Etiketten. Nicht zuletzt weil eben die Strümpfelbacher gerne einen Strümpfelbacher trinken wollen und die Schnaiter einen Schnaiter.

Keine Lage ist wie die andere. Auch wenn es die gleiche Rebsorte oder die gleiche Cuvée ist, so spielt doch das Alter der Weinstöcke, die Ausrichtung des Weinbergs zur Sonne, der mitunter sehr verschiedene Boden und selbstverständlich auch die individuelle Bewirtschaftung eine Rolle. Und schließlich hat der eigene Bezug zum Weinberg auch noch etwas mit Gefühlen zu tun.

An Wein und Weingeschichte ist Beutels-

Kleine Klingen hat die Rebflurbereinigung übriggelassen

Das von Wein- und Obstbau geprägte Strümpfelbach im Remstal

bach bestimmt nicht arm. Untrennbar ist der Ort jedoch besonders mit der Geschichte ganz Württembergs verbunden. Conrad von Wirtinberc, für dessen Herkunft es verschiedene Versionen gibt – ein Reigschmeckter jedenfalls, woher auch immer – heiratete um 1080 Luitgard von Beutelsbach. Auf dem nahen Rotenberg baute Conrad sich eine nach ihm benannte Burg, für die es im Laufe der Zeit verschiedene Schreibweisen gab, zum Beispiel Wirtemberg. Die Wirtemberger wurden im 13. Jahrhundert zu Grafen des sogenannten Heiligen Römischen Reiches Deutscher Nation erhoben. Kontinuierlich erweiterten sie ihren Besitz. 1495 stiegen sie zu Herzögen auf und 1806, mit Napoleon, sogar zu Königen.
Wiederum in Beutelsbach, vielleicht weil man aufgrund der mütterlichen Linie der Herzöge hier weniger Respekt vor Stuttgart hatte als anderswo, kam es 1514 zum

Wirt am Berg

Carl Eugen, Herzog von Württemberg, hatte Johann Caspar Schiller 1766 nach Ludwigsburg berufen als Direktor des herzoglichen Hofgartens. Schillers berühmter Sohn Friedrich verkniff es sich nicht, über die Herkunft des Arbeitgebers seines Vaters zu spekulieren und dichtete:

Schreibt sich von Wirt am Berg.
Ein Wirtemberger ohne Wein,
der ein Wirtemberger sein?

Aufstand der einfachen Leute, des „Armen Konrad", wie man sagte. Angeführt vom Gaispeter aus Beutelsbach. Herzog Ulrich war bekannt dafür, daß er das von seinen Untertanen erwirtschaf-

tete Geld bedenkenlos verpraßte. Weil er außerdem vorhatte, einen kostspieligen Feldzug gegen Burgund zu unternehmen, suchte der Württemberger nach zusätzlichen Einnahmequellen und verordnete einfach neue Gewichte für den Handel mit Lebensmitteln. Diese Gewichte waren leichter als die bisherigen. Das hieß, für das gleiche Geld erhielt man jetzt einfach weniger, zum Beispiel Mehl. Eine recht unverschämte Erhöhung der Verbrauchssteuer also, die – wie immer – am schlimmsten die ärmsten Leute traf.

... mit seinem idyllischen Fachwerkhäusern ...

Der Gaispeter war nicht gewillt, dies hinzunehmen und warf die neuen Gewichte kurzerhand in die Rems. Wenn sie wieder auftauchten, sagte der Beutelsbacher unerschrocken, seien die Gewichte rechtens. Und statt die Gewichte, wie gefordert, zurückzubringen, läutete der Gaispeter in der Kapelle Sturm. Es kam zu einem Volksaufstand im Remstal, bei dem viele ihr Leben verloren und der wenige Jahre später in den Deutschen Bauernkrieg überging.

Einen besonders idyllischen Ortskern hat sich das kleine Strümpfelbach bewahrt

...und seinen eindrücklichen Skulpturen

mit seinem Ensemble von schmucken Fachwerkhäusern, allen voran das 1591 erbaute Rathaus. Dieses Gebäude mit seiner offenen Laube überbrückt die hier zusammenfließenden, kleinen Gewässer Strümpfelbach und Hüttenbach, die allerdings längst verdolt sind Ein Pfosten des Rathauses trägt das Wappen des Ortes mit Hapen, Traube und Hirschstange.

In einer Landesbeschreibung heißt es über den Strümpfelbacher Wengerter: „ Die Beschäftigung mit dem heiklen Weinstock macht ihn intelligent, scharf beobachtend, hingebend, ausdauernd, gewandt, anpassungsfähig." Für sich spricht, daß es bis ins 19. Jahrhundert keinen einzigen Acker auf der Strümpfelbacher Markung gab, nur Wald, Weinberge und Obstanlagen.

Zu den in erster Linie für ihre Rieslinge bekanntesten Weinlagen des Remstals zählen Pulvermächer und Brotwasser aus Stetten. Letztere wird 1713 erstmals urkundlich erwähnt und geht auf eine Begebenheit zurück, die sich im Stettener Schloß zugetragen haben soll. Angeblich ließ sich eine dort residierende Patronin heimlich ihren – zu diesem Zwecke selbstverständlich weißen - Wein in einer Tasse servieren und gab vor, das sei Wasser, in das sie ihr trockenes Brot tunke.

Im Stettener Schloß ließ sich die Patronin ihr Brotwasser servieren

Strümpfelbach im Remstal …

Kramer KB12
WN
864

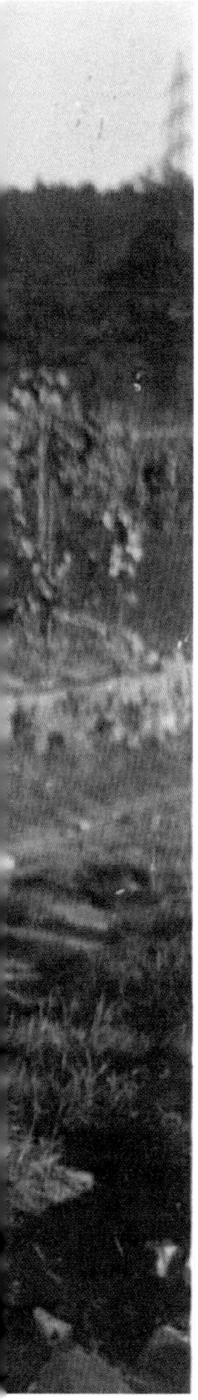

Strümpfelbach i.R.
Neuer Kelter.
Ein guter Jahrgang 1928

20km

Friedrich Schiller

In Marbach kam 1759 Friedrich Schiller zur Welt. Sein Vater Johann Caspar Schiller stammte aus dem später von Waiblingen eingemeindeten Bittenfeld im Remstal, viele seiner Vorfahren waren Weingärtner. Friedrichs Mutter Elisabeth Dorothea Kodweiß war die Tochter eines Marbacher Bäckers, der - wie früher oft - zugleich auch Gastwirt war. Beiderseits hatte der berühmteste Dichter Württembergs also enge familiäre Beziehungen zum Wein.

Weiter dem Neckarlauf folgend findet man bei Neckarrems zunächst nur noch längst aufgelassene, völlig verbuschte Weinterrassen.

Zum erst im 18. Jahrhundert von Herzog Eberhard Ludwig gegründeten Ludwigsburg gehört Monrepos. Die Domäne ist Hofkammerkellerei des Hauses Württemberg, das von hier aus seine im Land verstreuten Weingärten verwaltet. Durch die Eingemeindungen der direkt an den Neckarschleifen gelegenen traditionellen Weinorte Poppenweiler, Neckarweihingen und Hoheneck kamen auch die vorbarocken Weinberge auf den Muschelkalkterrassen zu der Residenz- und Garnisonsstadt. Frühe Winzer-Ambitionen kann man in Poppenweiler und der Lage „Obenhinaus“ vermuten.

Typisch Württemberg: die Steillagen entlang des Neckars

Wie bedeutend für Marbach vor allem der Weinbau bereits im Mittelalter war, belegt eine Weinranke im Stadtsiegel von 1301. Nach der Schillerstadt reiht sich wieder ein Weinort an den anderen, nicht nur ab Freiberg-Benningen entlang des Neckars, sondern auch in den Tälern der bei Bennigheim mündenden Murr und der bei Steinheim hinzukommenden Klein- und Großbottwar.

Weiter neckarabwärts folgt Ingersheim mit seinem hoch über dem Fluß wachenden Schloß und seinen von hier aus immens steil abfallenden Rebbergen. Der anschließende Weinort Mundelsheim ist nicht nur für die Qualität seiner Lage Käsberg berühmt, sondern auch dafür, daß diese Reben in Emporen hoch über einer besonders engen Schleife des Neckars gedeihen, die ihrerseits in der Ebene gelegene Weingärten einschließt.

Abenteuerlich steil wird's in den als Felsengärten bezeichneten Weinbergen zwischen Hessigheim und Besigheim, von deren bizarren Muschelkalk-Formationen sich auch Kletterer herausgefordert fühlen. Für die Arbeit im Weinberg hier und weiter neckarabwärts ist Schwindelfreiheit sicher kein Nachteil. In einem Reisehandbuch aus dem 19. Jahrhundert ist über den Schalkstein bei Walheim beziehungsweise über die Winzer dort vermerkt, sie müßten, um hier arbeiten zu können, über eine „gemsenartige Gewandtheit" verfügen.

Bei Besigheim stößt die vom Schwarzwald herkommende Enz zum Neckar. Besigheim hatte somit nicht nur als Weinort Bedeutung, sondern auch für den Holzhandel. Die noch relativ kleinen Gestöre, so nennt man die mit Wieden zusammengefaßten Holzstämme, wurden im Mündungsgebiet der Enz umgebunden. Aus den Enzflößen entstanden so die längeren Neckarflöße, die dann später noch zu Rheinflößen vergrößert und bis nach Holland „geflaizt" wurden. Die Flößer, wegen ihrer enormen Kraft gefürchtete Leute, waren auch für ihren Durst bekannt. Und dafür, daß sie ordentlich Geld im Sack hatten, weil sie für ihre lebensgefährliche Arbeit von den Waldbesitzern überdurchschnittlich entlohnt werden mußten. So dürften die Besigheimer Gewächse nie von Absatzschwierigkeiten betroffen gewesen sein.

Indessen mußten die Schwarzwälder Kraftprotze nicht warten, bis sie den Nekkar erreicht hatten. Auch das Tal der Enz und ihre kleinen Nebentäler ist traditionelles Weinbaugebiet. Etwa bei Roßwag, wo der Fluß einen großen, sonnenzugewandten Bogen in die Hügel aus Muschelkalk geschliffen hat. Spektakulär wie die Roßwager Fachwerkhäuschen rund um die Kirche am Fuß des Runds von steilen, weinbewachsenen Treppen umgeben werden wie die Akteure eines riesigen Amphitheaters.

Die Stadt Vaihingen, zu der Roßwag gehört, erhielt ihre Bedeutung durch eine alte Fernstraße zwischen Rhein und

In den Weinbergen von Ingersheim

Mundelsheim mit seinen Reb-Emporen hoch über der Neckarschleife

Donau, die direkt hier vorbeiführt, was dem Weinbau nur zuträglich sein konnte. Vaihingens Burg Kaltenstein, ein stolzes Schloß hoch über der Enz, sitzt auf einem Thron von Steilterrassen, über die breite Rebenteppiche ins Tal fallen, rechts und links gefaßt von den weit ausladenden Burgmauern.

Weiter enzabwärts, vor der Mündung der Glems bei Unterriexingen, liegt Oberriexingen, das sich als eine der wenigen Kommunen erfolgreich gegen die Pläne der Gemeindereform zur Wehr gesetzt hat und selbständig geblieben ist. In Oberriexingen hat man nicht nur vier Gutshöfe gefunden, die die Römer hier an der Enz gebaut haben, sondern insbesondere auch einen gut erhaltenen römischen Weinkeller, der als „Römerkeller" zu besuchen ist.

In Bietigheim erinnert ein Renaissance-Fachwerkhaus an den Notar Sebastian Hornmold, der auch Weinhändler war. Als er während des Schmalkaldischen Krieges 1546/47 aus Bietigheim fliehen mußte, soll es zu folgender Konfrontation zwischen dem Kommandanten der einrükkenden Spanier und Anna Hornmold, der Frau des Notars, gekommen sein. Der Spanier forderte von der Notarsgattin einen Kniefall, damit er ihren Weinkeller – angeblich bestückt mit 100 Fudern, ein

In den Hessigheimer Felsengärten

Die Wengerter von Hessigheim ...

württembergisches Fuder faßt knapp 1.800 Liter, insgesamt also etwa 180.000 Liter – nicht plündere. Anna Hornmold entgegnete dem Spanier lapidar, sie trinke in diesem Fall lieber Wasser. Das mußte die stolze Frau jedoch trotzdem nicht. Der württembergische Herzog Ulrich schickte der ungebeugten Bietigheimerin Wein aus seinem Stuttgarter Schloßkeller.

Zur Enz stößt bei Bietigheim-Bissingen die Metter, in die wiederum der Kirbach oder auch Kirchbach mündet. In dieses enge Tal schmiegen sich idyllische Weindörfer mit so klingenden Namen wie Hohenhaslach, Spielberg, Ochsenbach und Häfnerhaslach, allesamt eingemeindet von Sachsenheim. Neben den alten Weinbergen prägen Obstwiesen und Wald die kleinteilige Kulturlandschaft.

... sollten schwindelfrei sein ...

Das letzte der Dörfer, Häfnerhaslach, verweist mit seinem Namen auf das hier betriebene Handwerk der Häfner oder Töpfer. Die Böden aus Tonmergel charakterisieren am Stromberg nicht nur die Reben, sondern mit dem hier vorkommenden Hafnerletten stellte man unter anderem auch die Häfen oder Krüge her, in denen man den Wein auf den Tisch stellte.

... und am besten von gemsenartiger Gewandtheit

Unterer Neckar, Zaber, Schozach, Sulm

Bei Lauffen mündet die Zaber. Mit großem Abstand die meist angebaute Rebe Lauffens ist der Schwarzriesling, insbesondere die Lage Katzenbeißer ist überregional bekannt. Der Name hat damit zu tun, daß man das Portemonnaie früher auch Geldkatze genannt hat. Und weil dieser Wein offenbar schon immer seinen Preis hatte, wurde bei seiner Verkostung die Geldkatze eben etwas geschlaucht oder gebissen.

Auch der Name der Stadt läßt sich leicht herleiten. Lauffen oder Laufen ist ein altes Wort für Stromschnelle. Eine solche entstand, als der Neckar hier vor mehreren tausend Jahren seinen eigenen Uferhügel, um den er vorher einen Bogen gemacht hatte, durchbrach. So wurde Nagelfluh freigelegt, auf dem etwa zwanzig Prozent der Lauffener Gewächse stehen. Der seltene Boden ist zwar weitgehend mit einer Lößlehmschicht bedeckt, die Reben wurzeln jedoch tief genug, um ihn zu erreichen. An manchen Stellen in Lauffen ist Nagelfluh sogar direkt an der Oberfläche zu finden. Er verleiht den Weinen eine besondere Mineralität. In den neckarabwärts gelegenen Winzerorten Flein und Klingenberg findet man ihn ebenfalls.

1977 entdeckte man auf der Lauffen gegenüberliegenden Seite des Neckars, inmitten der dortigen Rebgärten, die Reste

Wein wächst in Lauffen direkt bis an die Stadtmauer

eines römischen Gutshofes, der als Freilichtmuseum zugänglich ist.

Ohnehin wird es in dieser Gegend überaus römisch. Es wimmelt geradezu von Zeugnissen römischer Siedlungsspuren aus den ersten drei Jahrhunderten nach Christus. Schon der Name der Zaber leitet sich wahrscheinlich von dem lateinischen Wort taberna ab. Man kann annehmen, daß am Ufer dieses Flüßchens, wo sich bei Meimsheim zwei Römerstraßen kreuzten, eine Taverne stand - ein frequentiertes römisches Gasthaus, dessen lateinischer Name einfach auf den Fluß übertragen wurde. Gut möglich, daß in dieser römischen Wirtschaft nicht nur von südlich der Alpen importierter Wein ausgeschenkt wurde, sondern auch vor Ort gewachsener.

Diese Taverne dürfte Anlaufstelle für viele durchziehenden Söldner, aber auch Händler aus der näheren und weiteren Umgebung gewesen sein. Zaberauf, zaberab und zabernah gab es diverse weitere römische Niederlassungen. Ihre Spuren findet man allesamt in Orten, in denen der Weinbau traditionell eine vorrangige Rolle spielt.

Pfaffenhofen am Oberlauf des Flusses gehörte zum elsässischen Kloster Weißenburg, das hier Landwirtschaft und vor

In Hausen an der Zaber entdeckte man 1964 zufällig eine Jupitergigantensäule und andere steinerne Zeugnisse einer römischen Siedlung

allem Weinbau betrieb, bis der Ort im 14. Jahrhundert vollständig in den Besitz des Hauses Württemberg überging. Das Dorf tat sich durch seine Weinberge hervor, so daß sich Graf Ludwig von Württemberg 1442 veranlaßt sah, eine Kelter mit fünf Bäumen oder Pressen aus dem nahen Kloster Kirbach nach Pfaffenhofen bringen zu lassen. Lange vor den Elsässer Mönchen siedelten hier jedoch auf Komfort Wert legende Römer. Im Keller des Pfaffenhofener Pfarrhauses entdeckte man die Fußbodenheizung einer römischen Villa.

Im benachbarten Güglingen zeigte man 2002 neue, außergewöhnlich umfangreiche und seltene Funde. Gleich zwei Mithrastempel, was einmalig ist, kamen auf Güglinger Gemarkung zum Vorschein. Dazu eine römische Siedlung mindestens so groß wie Güglingen etwa um 1900 und Spuren von Handwerkern, Händlern und Bauern.

In Hausen an der Zaber stieß man 1964 beim Bau eines Hauses zufällig auf Teile einer Jupitergigantensäule. Dies nicht zufällig im Gewann Steinäcker, dessen Name darauf hindeutet, daß hier schon in früheren Jahrhunderten so mancher Stein zum Vorschein kam, dem jedoch zunächst keine größere Bedeutung zugemessen wurde. Tatsächlich traf man in der Nähe der Säulenskulptur noch auf weitere vierzig Steinbilder. Darunter weibliche Gottheitsfiguren, die Körbe mit kleinen Broten, Äpfeln, Birnen und Blumen im Schoß halten. Außerdem Scherben und Messer. Alle Fundstücke datieren aus der Zeit der römischen Besatzung. Man kann also davon ausgehen, daß die Römer hier Landwirtschaft und, wegen der Fruchtkörbe, vor allem auch Obstbau betrieben haben.

Eine Kopie der Hausener Jupitergigantensäule steht mitten in Stuttgart vor dem Neuen Schloß. Die Winzer Hausens haben an die Tradition der Römer gerne angeschlossen und nennen ihre Genossenschaft deshalb Jupiterweinkeller.

Hausen gehört wie Botenheim, Dürrenzimmern, Haberschlacht, Meimsheim, Neipperg und Stockheim zu Brackenheim, das somit die größte Weinbaugemeinde in Württemberg bildet. Hier gibt es die tierischen Lagen Katzenöhrle, Dachsberg und Wolfsaugen. Der berühmteste Brakkenheimer ist Theodor Heuss, der hier 1884 geboren wurde. Was der Wein für den späteren Journalisten und Politiker bedeutete, besagt nicht nur seine Doktorarbeit „Weinbau und Weingärtnerstand in Heilbronn am Neckar", mit der er bereits 1905 promovierte. Auch die Dauer, die er etwa an einer Rede arbeitete, gab Heuss gerne in Viertele an. 1949, im Jahr seiner Wahl zum ersten Bundespräsidenten, stimmte er dem Abriß seines Geburtshauses zugunsten einer neuen Brackenheimer Kelter zu.

Mehr als signifikant ist die römische Tradition in Walheim, das südlich der Zaber liegt, zwischen Besigheim und Lauffen, di-

Die Jupiter-gigantensäule von Walheim ist mit einem Reben-Relief geschmückt

rekt am Neckar. Auch hier wurde, zusammen mit einer Villa rustica, einem römischen Gutshof, nur wenige Jahre nach Hausen, eine Jupitergigantensäule ausgegraben. Im Gegensatz zum Hausener Exemplar ist die Walheimer Kultsäule jedoch geschmückt mit einem Relief aus rankenden, reichlich Trauben tragenden Weinreben. Dies legt mehr als nahe, daß in Walheim bereits von den Römern Wein angebaut wurde.

Wie sehr die Römer für Walheim bestimmend waren, sagt allein schon der Name des Ortes. Walheim bedeutet dasselbe wie Welschheim – hier sind die Welschen, die Römer zu Hause.

Auf dem Gebiet Walheims stieß man bei archäologischen Ausgrabungen gleich auf zwei Kastelle der Römer. An der Enzmündung war ein wichtiger Stützpunkt zur Sicherung des Neckar-Limes. Der Ort war jedoch nicht nur Sitz einer Garnison. Zwischen den beiden Kastellen befand sich eine umfangreiche zivile Siedlung, in der es zum Beispiel ein Töpferviertel gab und ein Handelshaus. Der Ort war also auch Marktstätte, günstig gelegen an einem eigens angelegten Neckarhafen. Über der Ruine des Handelshauses errichtete man mit viel Glas einen Schutzbau, der als Museum zugänglich ist.

Daß sich der Name Walheim erhalten hat, deutet darauf hin, daß mindestens ein Teil der römischen Bevölkerung auch nach der Aufgabe des Neckar-Limes und nach dem Abzug der Truppen geblieben ist. Wenn dies so war, dann wird man auch von einem kontinuierlichen Weinbau in Walheim ausgehen können.

Nördlich von Lauffen mündet die Schozach in den Neckar, die in den Löwensteiner Bergen unterhalb des gleichnamigen Ortes entspringt und von Weingärten flankiert ist.

Von großer Bedeutung für den Weinbau im sogenannten Unterland ist seit dem Mittelalter das an der Schozach gelegene Ilsfeld, wo nicht nur traditionell Reben wachsen. Mindestens seit der ersten urkundlichen Erwähnung 1521 findet hier jedes Jahr Ende August* der überregional bekannte Ilsfelder Holzmarkt statt. Aus

*nach Bartholomä, von Freitag bis Montag, wobei der Montag noch im August sein muß

den nahen Mainhardter und Löwensteiner Bergen kommen die Holzbauern mit ihren voll beladenen Fuhrwerken, früher von Pferden, inzwischen von Traktoren gezogen. Ab sechs Uhr morgens bieten die Waldbauern ihre Waren feil, wobei es lautstark zur Sache geht. Wie seit alters her wird kräftig gefeilscht, bevor man sich handelseinig wird.

Früher waren es neben Stickeln vornehmlich Fässer, Butten und Kübel, die die Winzer hier erworben haben.

Das inzwischen üblich gewordene Arbeitsgeschirr aus Plastik hat diese Waren jedoch zu einem großen Teil zurückgedrängt. Auf Importware wird laut Auskunft des Rathauses trotzdem verzichtet – das angebotene Holzgut kommt nach wie vor aus den benachbarten Wäldern. Und geblieben ist vor allem der Handel mit Stickeln, die sich die Weingärtner hier kaufen, um ihre Rebstöcke zu befestigen. Häuslebauer finden hier ihre Dachlatten, Hobbygärtner ihre Bohnenstangen.

Stickel für die Rebpflanzungen ...

... und Fässer für den Wein sind im traditionellen Angebot des Ilsfelder Holzmarktes

Stadtwein

Heilbronn war immer berühmt ...

Heilbronn ist die zweitgrößte Stadt Württembergs, die Kapitale des Unterlands. In Heilbronn und dem Heilbronner Landkreis wächst über die Hälfte des gesamten Württemberger Weins. Die Rebkultur gehört untrennbar zur Stadt. In Heilbronn wundert es – im Gegensatz etwa zu Reutlingen oder Tübingen - nicht, daß vor der Industrialisierung die Weingärtner den größten Stand der Reichsstadt bildeten. Gleich gefolgt von den Büttnern, fränkischer Ausdruck für Küfer oder Faßbinder. Die Besiedlung der ausgedehnten Talauen am Neckar erhielt mit den Römern enorme strategische Bedeutung. Auf dem Gebiet des Heilbronner Stadtteils Böckingen stand ein römisches Kastell. Am Fuß des Wartbergs, weinbewachsener Hausberg Heilbronns, hat man ein römisches Bad gefunden. In Heilbronn selbst geht man davon aus, daß die Römer nicht nur hier gewohnt und gebadet, sondern den sich dafür anbietenden Wartberg auch mit Reben bestockt haben.

Acht Römerstraßen, denen schon uralte Fernwege vorausgingen, führen auf Heilbronner Gemarkung zusammen. Nördlich davon stand ein weiteres Kastell bei Wimpfen, südlich eines bei Walheim – und dazwischen und drum herum reichlich römische Gutshöfe, die die Aufgabe hatten, die Truppen mit Nahrung zu versorgen.

Im Mittelalter war es wiederum ein Weg, der die Macht Heilbronns sicherte – allerdings weil die Stadt diese Passage sperrte. Die Rede ist vom Wasserweg. Kaiser Ludwig der Baier verlieh Heilbronn 1333 das Neckarprivileg. Das hieß, die Stadt konnte

... für seine Weinfeste

Stauwehre bauen, wie und so viele sie wollte. So konnten am Neckarufer zahlreiche einträgliche Mühlen betrieben werden.
Wichtiger noch war ein anderer Effekt. Heilbronn errichtete die Wehre im Neckar derart, daß kein Schiff mehr durchfahren konnte. Lediglich eine Floßgasse ließ man noch frei. Dies bedeutete, sämtliche Waren, die per Schiff ankamen oder abgehen sollten, mußten nun im Heilbronner Hafen umgeschlagen werden. Darüber Kontrolle auszuüben, war ein leichtes. Die Stadt belegte das Umschlagen mit Zöllen und kam so zu ungeheuren Steuereinnahmen. 1360 stärkte Kaiser Karl IV. Heilbronn noch weiter, indem er es zur Reichsstadt erhob. All dies hatte großen Einfluß auf den Handel mit Wein. Davon hatte man in Heilbronn reichlich. Es wurde deshalb vom Heilbronner Rat angeordnet, möglichst jegliche Wareneinfuhr mit dem Wein der Stadt zu begleichen. Überliefert ist in diesem Zusammenhang die Geschichte vom Wollendieb. 1587 soll ein bayrischer Fuhrmann mit einer Wagenladung Wolle nach Heilbronn gekommen sein, für die er etlichen Wein nach Hause zu bringen hatte. Dies gelang ihm jedoch nicht. Bereits vor Ort sprach der Kutscher dem Gewächs vom Heilbronner Hundsberg so sehr zu, daß von seinem Wollerlös nichts mehr übrig blieb. Als Wollendieb bezeichnete man daraufhin die Lage, bei der der Fuhrmann schwach geworden ist und wo man

tatsächlich eine 1587 datierte Inschrift im Weinberg gefunden hat.
Die Württemberger unternahmen immer wieder große Anstrengungen, das Nek-

karprivileg zu Fall zu bringen. Erschwerte es doch die Ausfuhr von Waren und speziell auch des württembergischen Weins enorm. „Wie ein Klein-Venedig, das alle

Handelssachen an sich ziehen will", führe sich Heilbronn auf, wetterte Herzog Christoph. Doch das Neckarprivileg blieb. Württemberg importierte dafür keinen Heilbronner Wein und belegte die Durchfuhr der Gewächse seinerseits mit hohen Zöllen.

Bis Napoleon zu Beginn des 19. Jahrhunderts die Landkarte neu ordnete und Heilbronn zu Württemberg schlug, blieb der Neckar bei Heilbronn gesperrt. Erst danach wurde er wieder schiffbar gemacht.

Bekannt war Heilbronn bereits in früheren Zeiten für seine Herbste, fröhliche, ausgelassene, private und städtische Feiern nach der Weinlese. Großen Zulauf findet das seit 1970 jährlich im September stattfindende Heilbronner Weindorf, bei dem rund 300 Weine aus der Heilbronner Region zur Verkostung kommen. Seit dem Jahr 2000 startet man im Sommer in Heilbronn zum Trollinger-Marathon. Trotz Anstrengung soll es ein Genuß- und Erlebnislauf sein nach dem Vorbild des französischen Médoc-Marathons. Die ausgewiesene Strecke führt mitten durch die Weingärten der Gegend.

Nördlich von Heilbronn fließt die Sulm in den Neckar, Neckarsulm heißt die dazugehörige Stadt, in der sich 1855 die allererste Weingärtnergenossenschaft Deutschlands gründete.

Hahn im Korb ...

Im benachbarten Weinsberg folgte man dem Neckarsulmer Beispiel einige Jahre später, 1868 schlossen sich die dortigen Winzer ebenfalls zu einer Genossenschaft zusammen. Im gleichen Jahr wurde in Weinsberg die Königliche Weinbauschule eröffnet, die seit 1952 Staatliche Lehr- und Versuchsanstalt für Wein- und Obstbau heißt und die älteste Weinbauschule Deutschlands ist. 1957 kam noch die Bundesfachschule für das Weinküferhandwerk hinzu.

Daß Weinsberg eine Stadt des Weins ist, weist der Name deutlich aus. Bis 1271 läßt sich der Rebbau hier urkundlich zurückverfolgen. Doch warum sollten nicht schon die Römer den Keuperkegel bestockt haben? Mitten durch die spätere Stadt Weinsberg verläuft eine Römerstraße, die die beiden Kastelle in Böckingen und Öhringen miteinander verband. 1906 entdeckte man ein zu einem Gutshof gehörendes römisches Badehaus.

Wie in anderen Württemberger Weinorten, haben sich auch in Weinsberg die Frauen durch ihre besondere Cleverness und Willensstärke hervorgetan. 1140 wurde die Burg auf dem Kegelberg hoch über der Stadt vom Staufer Konrad III. belagert. Besonders dramatisch wurde es am 21. Dezember, nachdem Konrad seinen Kontrahenten Welf VI, dem die Burg damals gehörte, geschlagen hatte. Den Frauen gegenüber zeigte Konrad Milde und gestattete ihnen, die Burg unversehrt zu verlassen. Alles, was sie auf ihren Schultern tragen könnten, dürften sie mitnehmen. Die Frauen entschieden sich, ihre Männer Huckepack aus der Burg zu schleppen, die deshalb später den Namen Weibertreu erhielt.

Die Weiber von Weinsberg, die Notarsgattin von Bietigheim, die Schorndorfer Frauen um Barbara Künkelin - auffällig oft hört man Geschichten von mutigen Frauen in Weinbau-Gemeinden

Kocher, Jagst und Tauber
Hohenloher Wein

Im Taubertal

Neckarabwärts folgen kurz hintereinander die Mündungen des Kochers bei Bad Friedrichshall und der Jagst bei Jagstfeld. Diese beiden Flüsse werden ein ganzes Stück weit von der Tauber begleitet, die dann jedoch nach Norden kehrt und bei Wertheim in den Main fließt.

Kocher, Jagst und Tauber sind die größten Wasserläufe Hohenlohes, ein Gebiet das erst mit Napoleon, also in den ersten Jahren des 19. Jahrhunderts, zu Württemberg kam. Schwäbisch ist man deshalb aber noch lange nicht. Die Bewohner Hohenlohes nennen sich selbstbewußt Franken, sie sprechen fränkisch, und auch in Sachen Wein ist man eigen.

Immanuel Dornfeld, Gründer der Weinbauschule in Weinsberg und Namensgeber für die dortige Reben-Züchtung Dornfelder veröffentlichte 1868 eine „Geschichte des Weinbaus in Schwaben". Über die Hohenloher Flußtäler bemerkte er: „In den drei letzten Tälern, in welchen die Anpflanzung von verschiedenartigen gemischten Sorten weniger Nachahmung fand, und der Verkauf des Weinmostes während des Herbstes, wo die Qualität nicht genau beurteilt werden kann, nicht so allgemein wie im Neckartale eingeführt war, wurde die ältere Bestockung weniger geändert, vielmehr dieselbe auch in der neueren Zeitperiode beibehalten, wodurch es kommt, daß diese Täler bis auf den heutigen Tag noch einen weit charakterfestern Wein als im Neckartale erzeugen, der zum Teil stark gesucht und teuer bezahlt wird."

So kommt es nicht von ungefähr, daß sich im Hohenlohischen der Tauberschwarz, eine zunächst sonst nirgends vorkommende Rebsorte, herausbilden konnte. Früher war der Tauberschwarz an der Vorbach – im Dialekt heißt es, die Bach – und an der Tauber weit verbreitet. Für ertragreichere Reben hatte man ihn schon beinahe restlos ausgestockt, als dieletzten Stöcke nach dem extrem kalten Winter 1978 auf sich aufmerksam machten. Die Sorte hatte sich als außergewöhnlich frostresistent gezeigt und wurde daraufhin wieder neu entdeckt und gepflegt.

Im Hohenlohischen findet man noch die meisten Steinriegel

Das Taubertal ist eine eigene kleine Weinwelt

Zurück geht diese Tauberrebe möglicherweise auf rote Setzlinge aus dem Neckartal, die Graf Wolfgang von Hohenlohe um 1560 in Weikersheim anpflanzen ließ. Jedenfalls hat sich der Tauberschwarz an Klima und Böden angepaßt und wird inzwischen wegen seiner ganz eigenen Würze wieder sehr geschätzt.

Nahe Öhringen – die in den Kocher fließende Ohrn gab der Stadt den Namen – legte nicht nur das Hohenloher Fürstenhaus Rebkulturen an, sondern auch die reichen Bürger der Salzstadt Hall. „Feuer und Gewürz" zeichne die hier wachsenden Weine aus, heißt es in einer alten Öhringer Oberamtsbeschreibung. Goldberg lautet eine vielversprechende Lage über dem Teilort Verrenberg.

Das spätere Öhringen gründet auf einer umfangreichen römischen Siedlung, genannt Vicus Aurelianus nach Kaiser Marcus Aurelianus. Zwei Kastelle bildeten hier einen wichtigen Stützpunkt, an dem etwa tausend Soldaten stationiert gewesen sein sollen. Zu ihrer Versorgung entstand an der Ohrn eine stattliche zivile römische Siedlung.

Südlich von Öhringen liegt Pfedelbach, das mit Heuholz auch die bekannte Lage Dachsteiger hinzugewann. Für die fürstliche Kelter Pfedelbachs mußte 1752 ein Riesenfaß mit etwa fünf Metern Höhe, Breite und Länge gebunden werden. Anlaß war Zank unter dem Hofgesinde, das für seine Dienste unter anderem mit Wein ausbezahlt wurde. Der war jedoch offenbar von recht unterschiedlicher Qualität. Aus dem Riesenfaß konnte nun für alle der gleiche Besoldungswein gezapft werden.

Die alte Salzsiederstadt Hall, im Vordergrund links die Synagoge

In der Salzsiederstadt Hall pflegt man traditionell eigenständiges Denken. Mitten im fränkischen Hohenlohe gelegen, geriet die einstige Reichsstadt in heftige Auseinandersetzungen mit dem Herzogtum Franken und nannte sich daraufhin bereits im 15. Jahrhundert selbst Schwäbisch Hall. Ausgerechnet als die stolze Frankenstadt auf Napoleons Anordnung 1802 zu Württemberg kam, fiel der Zusatz „Schwäbisch" dann wieder weg. 1934 wurde aus Hall am Kocher wiederum Schwäbisch Hall.

Hall ist eine Stadt des Salzes, und das bedeutete Geld. Somit ist es kein Zufall, daß man hier auch Bedarf hatte, es zu prägen – der Heller geht darauf zurück. Die Haller Patrizier unterhielten nicht nur Weingärten in der näheren und weiteren Umgebung. Es war ihnen auch ohne weiteres möglich, Wein aus anderen Gegenden zu kaufen. Der Tausch Salz gegen Wein war lange Zeit gang und gäbe.

Haller Wein selbst gab es zwar, aber allzu begehrt war er nicht. 1647 beschwerte sich ein habsburgischer General über den arges Sodbrennen verursachenden Kocherwein, den die Stadt ihm geliefert hatte. In Hall blieb man gelassen und riet bezüglich des heimischen Gewächses „Weilen er etwas zu frisch, soll man ihn mit zwei Kübel Wasser geschlacht machen."

In Gelbingen spielt die Geschichte eines dort einst tätigen Pfarrers namens Konrad Gieckhenbach. Eines Nachts ist dem Pfarrer und seiner Zechrunde der Wein ausgegangen. In Gelbingen selbst war offenbar kein Nachschub aufzutreiben, das Haller Stadttor jedoch längst geschlossen. Der so durstige wie findige Pfarrer soll daraufhin ein brennendes Holzscheit aus seinem Dach gestreckt haben. Der Haller Türmer entdeckte die Flamme und schlug mit der Feuerglocke Alarm. Das Tor wurde aufgerissen und der – ob beim Zechen oder schon im Schlaf – aufgeschreckte Löschtrupp setzte sich in Richtung Vorstadt in Bewegung. In Gegenrichtung schlüpfte der Diener des Pfarrers mit seiner Weinkanne unter dem Mantel in die Stadt, wo er für die Gelbinger Runde sicher noch einen späten Tropfen erwerben konnte.

In der Pogromnacht von 8. auf 9. November 1938 brannte auch die Synagoge des Schwäbisch Haller Vororts Steinbach. Die Haller Feuerwehr wurde per Wecklinie zusammengerufen und fuhr zusammen mit ihrem Kommandanten Friedrich Gräter, Sattlermeister und Vertreter einer alten Haller Siederfamilie, in Richtung des Brandherdes, wie sein Sohn Johannes erzählt. Mitten auf der Straße wurde der Löschzug jedoch angehalten. Die örtliche SA versperrte die Zufahrtstraße.

Friedrich Gräter sprang aus seinem Löschfahrzeug und fragte, was hier los sei. Der Anführer der SA herrschte den Feuerwehr-Hauptmann an, der Führerbefehl laute, es dürfe nicht gelöscht werden. Friedrich Gräter blickte in die Runde der Haller, die nun SA-Uniformen trugen. Dann trat er dicht an den Wortführer der Nazis heran und sagte: „Ich kenn' dich doch..., du bisch doch der..........?!* Und weiter erklärte Gräter: „Wenn's brennt, no löscha mir!!"

Dies beeindruckte die SA-Truppe nachhaltig. Man gab der Feuerwehr den Weg frei, und die Synagoge konnte bis auf den bereits abgebrannten Dachstuhl gerettet werden. Friedrich Gräter blieb ein geachteter Bürger von Hall.

Die Tauber durchfließt dank Napoleon nicht nur einen bayrisch-württembergisch-badischen Flickenteppich, sondern mehrfach auch die von den Winzern weitaus strikter zu respektierende Bocksbeutelgrenze. Den württembergischen Taubertälern zwischen Creglingen und Bad Mergentheim ist es strengstens untersagt, ihren Wein – wie kurioserweise sowohl die Tauber weiter hinauf wie weiter hinab – in die flachen, Bocksbeutel genannten Flaschen abzufüllen. Die waren 1726 zunächst nur für die Lage Würzburger Stein bestimmt worden. Per Weingesetz ist der Bocksbeutel inzwischen zwar weit verbreitet, aber dennoch streng beschränkt auf bayrisches und badisches Weingebiet.

*der Name des SA-Mannes wird nicht genannt auf ausdrücklichen Wunsch von Johannes Gräter.

Die Synagoge im Haller Stadtteil Steinbach

Unterer Neckar Grenzwein

Noch einmal zurück an den Neckar. Bis 1985 endete das württembergische Weinbaugebiet bei Gundelsheim. In Sachen Wein hat man die politische Grenze damals jedoch weichgezeichnet und bis hinter Neckarzimmern verlegt.

In Gundelsheim ist es wieder Muschelkalk, in dem die Rebstöcke wurzeln. Eine Gundelsheimer Terrassenlage nennt man Himmelreich.

Zu einem Weingartengau gehört Neckarzimmern bereits 773 in einer Schenkungsurkunde des Klosters Lorsch. Bei den Fundamenten zweier römischer Gutshöfe stieß man hier auf ungewöhnlich viele Scherben großer Keramikgefäße, die nicht nur belegen, daß die Römer hier waren, sondern daß sie hier sehr wahrscheinlich auch Wein angebaut haben.

In Hausen an der Zaber …

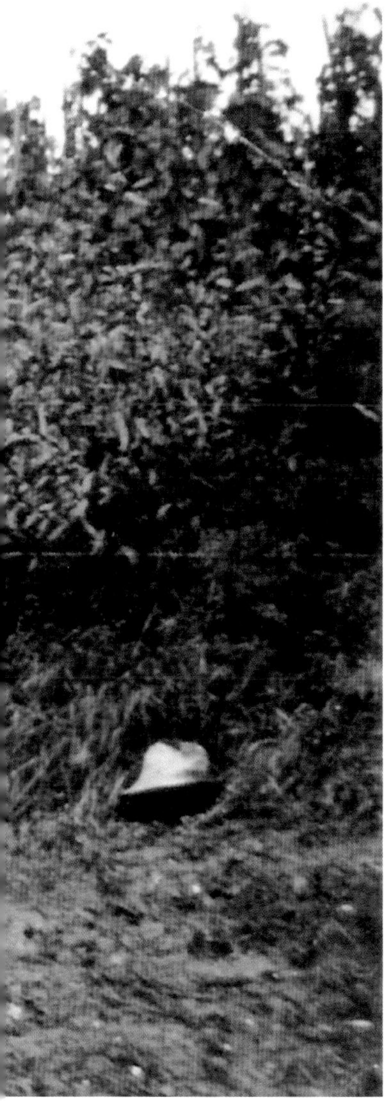

Württemberger Sorten

Weinpolitisch betrachtet ist Württemberg rot – zwei Drittel der insgesamt etwa 11.000 Hektar umfassenden Anbaufläche des Landes sind mit roten Rebsorten bestockt. Meistangebaute Rebe – und dies mit großem Abstand – ist der Trollinger, der fast in einem Viertel aller württembergischen Weingärten gedeiht. Weitere rote Hauptsorten sind Schwarzriesling, Lemberger und Spätburgunder. Bei den Weißweinen führt der Riesling. Wiederum mit großem Abstand folgen Kerner und Müller-Thurgau.

Oige* – Authent… Württemberger W…

* das e wird zwischen e und a ausgesprochen.

Oft werden in Weinbüchern insbesondere der Trollinger, aber auch der Schwarzriesling und der Lemberger als württembergische Besonderheit dargestellt. Zweifellos sind diese Rebsorten für Württemberg von größter Bedeutung. Besonderheit darf in diesem Fall jedoch nicht so verstanden werden, daß es diese Reben außerhalb Württembergs nicht geben würde. Der Trollinger ist engstens mit dem in Südtirol weit verbreiteten Vernatsch verwandt, der Schwarzriesling stellt in Frankreich als Pinot Meunier eine der wichtigsten Champagner-Reben dar, und der in diesem Zusammenhang öfter genannte Lemberger ist als Blaufränkisch in Österreich weit verbreitet. Speziell sind diese Sorten nur in Hinsicht auf Deutschlands Grenzen. Aber beim Wein politische Grenzen zu ziehen macht eigentlich wenig Sinn, da die Terroirs sich nicht an Schlagbäumen orientieren. So gehören Teile des Bodensee-Ufers zu Deutschland, Österreich und der Schweiz, trotzdem werden sich rund um den See ähnliche Weine finden.

Tatsächlich gibt es aber auch Reb- und Weinsorten, die sich ausschließlich in Württemberg herausgebildet haben und nur oder vornehmlich hier zu finden sind.

Affenthaler

Der württembergische Affenthaler ist nicht zu verwechseln mit dem badischen Affentaler aus der Ortenau – letzterer wird aus Spätburgunder gekeltert, sein Name geht auf das Avetal und ein Frauenkloster zurück. Der württembergische Affenthaler ist möglicherweise autochthon aus einer Wildrebe entstanden. Christian Single, Lehrer für Weinbau und Mitgründer der Weinbauschule in Weinsberg schrieb 1860: „Wir haben diese in Württemberg ziemlich verbreitete Traubensorte weder am Rhein, noch am Main und in der Schweiz angebaut gefunden."

sche
Veinkultur

Samtrot

Diese Burgunder-Variante, die nur in Württemberg, insbesondere am unteren Neckar verbreitet ist, wurde 1928 in Heilbronn als Mutation aus dem Schwarzriesling entdeckt. Die Weine sind samtig weich und gefällig.

Clevner/ Klevner

Zartbittere Burgunder-Variante, deren Stammland die Gegend um Heilbronn ist. Johann Caspar Schiller schreibt über den „Burgunder oder Augstklevner", dessen Trauben „bald reif werden" und meint somit wohl den Clevner oder Frühburgunder.

Tauberschwarz

Beinahe verschwundene Sorte aus dem hohenlohischen Taubertal, die aufgrund ihrer Frostresistenz neu entdeckt wurde und inzwischen wegen ihrer Würze wieder geschätzt wird.

Muskattrollinger

Der etwa seit 1850 nachweisbare und wohl in Württemberg durch Mutation entstandene Muskattrollinger ist vom Trollinger zu unterscheiden. Gemein ist den beiden Reben, daß ihre Weine von relativ hellem Rot sind. Auffällig ist der Muskattrollinger schon im Weinberg, weil seine Trauben sehr unterschiedlich reifen und sich so ein buntes Bild von Beeren ergibt. Außerdem sind die Trauben recht zottelig. Der Wein duftet intensiv und erinnert an Muskat.

Auch unter den Cuvées gibt es eine Württemberger Spezialität – den Schiller oder Schillerwein. Der Verschnitt aus roten und weißen Sorten ist nicht mit dem Weißherbst zu verwechseln, der ja ausschließlich aus roten Sorten gekeltert wird. Der Name Schiller darf laut Weingesetz nur in Württemberg verwendet werden.

Schiller

Der Schiller ist keine Rebsorte. Er ist auch nicht zu verwechseln mit dem Weißherbst. Und weder mit Württembergs berühmtestem Dichter Friedrich Schiller, noch mit seinem als Obst- und Wein-Experten bekannten Vater Johann Caspar, hat dieser Wein zu tun.

Dafür ist Schillerwein mehr als typisch für Württemberg: Bis etwa 1950 wurde in Württemberg vorwiegend im gemischten Satz an- und ausgebaut. Gemischter Satz heißt, man pflanzt verschiedene Rebsorten, rote und weiße, zusammen in einen Weingarten. Für den Schiller keltert man auch das Lesegut miteinander. Je nach Anteil der Rotgewächse wird der Wein mehr oder weniger rosé – er schillert zwischen rot und weiß, daher sein Name.

Der gemischte Satz minderte das Ertragsrisiko gegenüber einer Monokultur erheblich. Der Ausgewogenheit des Geschmacks hingegen wurde bei dieser Methode oft zu wenig Beachtung geschenkt. Anscheinend war es bisweilen sogar fast egal, welche Sorten zusammen gelesen wurden. Weinfreund Goethe goutierte dies nicht und schrieb 1829 an Zelter: „Wir haben der Weinsorten schon zu vielerlei, und beim praktischen Weinbau kommt alles darauf an, daß man die Sorten zusammenpflanze, die miteinander blühen und reif werden; alles andere ist vom Übel."

In manchen Landstrichen, wie etwa dem Remstal, wird Schillerwein noch gerne gekeltert.

Nur in Württemberg ist die Bezeichnung Schiller zulässig, außerhalb der Landesgrenzen muß man eine solche Cuvée Rotling nennen.

Zu unterscheiden ist ein Schiller auch vom Weißherbst – letzterer wird ausschließlich aus roten Sorten gekeltert. Anders als beim Rotwein, der seine intensive Farbe aus den Beerenhäuten bekommt, bleibt der Saft für einen Rosé oder Weißherbst nur kurz oder sogar überhaupt nicht auf der Maische.

Trollinger-Tirade

„Württemberg hat, wenn man zur Weinsache kommt, ein Trollingergesicht, blaß, weder rot noch rosé noch schiller, sondern eben blaß, ohne Charakter, geradeso wie die aktuelle Beliebigkeit.", schreibt der Stuttgarter Verleger Michael Klett. Die höchste Hürde für das württembergische Wein-Renommee stelle „das deutsche Symbol für billigen, anspruchslosen Zechstoff oder Vespertrunk an Himmelfahrt dar: der Trollinger". Desweiteren betitelt Klett das Lieblingsgewächs vieler württembergischer Wengerter als „Blaßling", „Dünnwein" und „Trinkwassersubstitut", das früher dazu gedient habe, „das depressionsgeneigte schwäbische Gemüt" aufzuheitern.

Rätselhaft bleibt dem Verleger nach eigenem Bekunden: „wie, in aller Welt, konnte dieses Zweckgetränk zu einem Schwäbischen Kultwein nach dem Zweiten Weltkrieg werden?" Und ebenso unergründlich sind ihm an Stammtischen vernommene Kennerdebatten, in denen es um lokale Unterschiede der Trollingerweine gehe. Denn, so Klett, „dabei schmeckt das Zeug, einerlei wo es herkommt, nahezu gleich". Der Publizist fährt fort: „Unbegreiflich, wie bei diesem limonadeähnlichen Getränk [...] überhaupt Unterschiede festgestellt werden konnten."

So geht es noch ein bißchen weiter in dieser ganz und gar trollingertoleranzfreien Tirade, Beitrag Kletts zu Cotta's Kulinarischem Almanach Nummer 13, Thema Deutschland, hauseigen erschienen 2005. Getrieben wird der Autor offenbar von der Sorge um das Land, das, wenn es am Trollinger festhalte, auch provinziell und vom globalen play ausgeschlossen bleibe. Vielleicht hat der Verfasser des engagierten Traktats einfach noch nie einen guten Trollinger probiert? Denn solche gibt es durchaus. Sicher, wenn man den Trollinger als Massenträger behandelt, wozu er ja in der Lage ist, dann können daraus keine Spitzenweine werden. Das ist aber auch bei anderen Sorten so. Und automatisch Spitzenwein ist auch der Lemberger nicht, den Klett favorisiert. Außerdem sind es einfach zwei paar Stiefel.

Wenn der Trollinger in einer warmen Lage, ob auf Muschelkalk oder Keuper, wächst, wenn man den Ertrag kräftig reduziert auf wenige Trauben pro Stock – was der schwäbischen Mentalität ganz und gar widerspricht und deshalb schon schmerzt – und wenn man ihn dann mit größtmöglicher Sorgfalt ausbaut, dann kann man auch richtig rote, fruchtige und füllige Trollingerweine erhalten. Trotzdem bleibt ein Trollinger ein Trollinger und ein Lemberger ein Lemberger – glücklicherweise.

Wieso in anderen Gegenden, sei es im Piemont, in der Toskana oder im Bordelais das Typische, das Authentische suchen wollen und es in der eigenen Region nicht schätzen? Wieso den Leuten das wegnehmen wollen, was ihnen lieb ist? Für den internationalen Markt, wie Klett schreibt? Wieso eigentlich? Anscheinend besteht doch gar kein Bedarf – ist es nicht optimal, auf fremde Märkte nicht angewiesen zu sein und einen starken regionalen Markt zu haben?

Außerdem ist es ja nicht so, daß Trollingerverächter in Württemberg nicht fündig werden könnten. Klett selbst macht am Schluß seines Artikels noch Werbung für fünf „feine Adressen“ von Weingütern des Landes. Somit wäre doch allen Gusti – und, was Klett völlig übergeht, den ebenfalls eine Rolle spielenden verschiedenen Finanz-Etats! – gedient.

In der Vinothek der deutschen Weinberg-Lagen/Württemberg heißt es dialektisch, Trollinger sei „von vornehmbäuerlicher Einfachheit“. Da schwingt viel Positives mit. Nicht zuletzt Achtung.

Niemand wird gezwungen, Trollinger zu trinken. Doch wozu anderen den Genuß vermiesen wollen? De gustibus non est disputandum, über Geschmack kann man nicht streiten, wußten doch schon die alten Römer – und deshalb suum quique, jedem das Seine.

Dem Lieblingswein der Württemberger – der Schwabenmilch, wie der Trollinger bisweilen auch genannt wird – muß ein eigenes Kapitel gewidmet werden.

Trollinger

Der Trollinger ist *der* typische Wein Württembergs. Keine andere Rebsorte ist so sehr und geradezu identitätsstiftend mit Land und Leuten verbunden. Auf Weinmessen interessiert Fremde an den Württemberger Ständen vor allem der Trollinger. Und in Württemberg selbst wird kein anderer Wein so gern getrunken.

Knapp ein Viertel der Weingärten und -berge im Land ist mit Trollinger bestockt. Weil diese Rebe ertragreicher ist als viele andere Sorten, ist der Anteil an der gesamten württembergischen Wein-Produktion sogar noch ein bißchen höher. Dennoch wird der Großteil der Trollinger-Ernte innerhalb der Landesgrenzen weggeschlotzt.

Weltoffener geht's nicht mehr. Denn der Württemberger Liebling ist zweifellos ein Ausländer, ein Reigschmeckter – und schmeckt scheint's! Das Wort Trollinger leitet sich ganz klar von Tirolinger ab und meint also einen Wein aus Tirol. Auch in den Weinlagen Südtirols ist der Trollinger oder Vernatsch, wie er dort genannt wird, die mit großem Abstand meistangebaute Rebsorte. Offenbar hat sie sich in Jahrhunderten an beide Landschaften bestens angepaßt. Zum einen an das kontinentale Klima, den starken Unterschied zwischen den Jahreszeiten. Zum anderen in Württemberg an die Böden aus Muschelkalk und Keuper, in denen der Trollinger am Neckar und seinen Nebenflüssen sowie an der Tauber vorwiegend wurzelt.

Und die relativ leichten Weine passen einfach ganz hervorragend zu beiden Küchen und damit zum ganz eigenen Gusto der jeweiligen Bevölkerung.

Typisch Trollinger-Rot

Doktor Trollinger oder In Vino Veritas

2006 erschien in Buchfassung eine Tübinger Dissertation zu „Rebsorten in Württemberg – Herkunft, Einführung, Verbreitung und die Qualität der Weine vom Spätmittelalter bis ins 19. Jahrhundert". Mit Eifer wird darin versucht nachzuweisen, daß der Trollinger ursprünglich nicht aus Südtirol stammt. Vielmehr sei nur der Name einer Handelssorte auf die Rebsorte übergegangen. Zunächst habe man unter Trollinger oder Tirolinger nur das aus Tirol importierte Handelsgut Wein verstanden, nicht aber die Sorte der Reben. Später sei dieser Name auf eine nicht aus Südtirol stammende Traube übertragen worden.
Die nähere Betrachtung dieser Doktorarbeit ist somit obligatorisch.

Die Verfasserin versucht, ihre These mit zahlreichen Indizien zu belegen. Quasi als ihren Hauptbelastungszeugen führt sie eine um 1550 datierende württembergische Zollordnung an, in der der Name Trollinger in Württemberg nach ihren Recherchen zum ersten Mal genannt wird. Die Historikerin betont: „Es handelte sich dabei um ein Dokument, das die Weineinfuhr regelte – und der Trollinger steht hier neben anderen Importweinen wie solchen aus dem Friaul und Istrien." Deshalb sei davon auszugehen, daß zwar ein Wein aus Tirol gemeint war, dies jedoch keine Aussage über die Rebsorte bedeute. In Tirol sei die Rebsorte Trollinger „schließlich bei weitem nicht die einzig kultivierte Sorte" gewesen.
Soweit läßt sich die Argumentation gut mitverfolgen. Der Wein, den man im 16. Jahrhundert Trollinger nannte, muß also nicht zwangsläufig aus der, laut dieser Dissertation, erst viel später so benannten Trollingerrebe gekeltert gewesen sein.

Vielmehr sei anzunehmen, „daß Trollinger oder trollingerähnliche Sorten unter dem Namen Welsche in Württemberg schon angebaut wurden, als die Traube in Südtirol noch nicht den Hauptsatz stellte".
Auch das ist nachvollziehbar und mag durchaus sein. Nach wie vor ist übrigens zum Beispiel im Remstal für den dort reichlich angebauten und gut wachsenden Trollinger auch die Bezeichnung Welscher gebräuchlich.
Diese welsche Trollingerrebe (soeben wurde noch von „Trollinger oder trollingerähnliche Sorten" gesprochen), sei „vermutlich* nicht aus Südtirol importiert" worden. Nach Meinung der Verfasserin wurde die Sorte „ursprünglich von slawischen Siedlern, die die Rebe viel-

Welscher

Der Trollinger wird mancherorts in Württemberg auch Welscher genannt. Welsch findet sich auch in anderen Namen und verweist auf die Herkunft. So sagt man umgangssprachlich auch Welschnuß zur Walnuß, wobei „wal" nur eine Verkürzung von „welsch" ist – mit dem größten Meeressäuger hat die Nuß also nichts zu tun. Mit dem Welschkorn meint man den Mais.
Der Ausdruck welsch, der sich leicht abgewandelt auch in anderen europäischen Sprachen findet, geht auf ein germanisches Wort zurück, mit dem zuerst die Kelten gemeint waren. Als die Römer mehr und mehr keltische Gebiete besiedelten, ging die Bezeichnung auf die romanische Bevölkerung über. Apropos Bevölkerung – auch das Wort Volk leitet sich über lateinisch Volcae von welsch oder walhisch ab. Kauderwelsch schließlich nannte man das anderen nur schwer verständliche Rätoromanisch in der Gegend um Chur. Kauer ist im benachbarten tirolischen Dialekt die alte Bezeichnung für die schweizerische Stadt Chur.

*Unterstreichungen von Gudrun Mangold

leicht* aus ihrer Heimat mitgebracht hatten, im Friaul kultiviert. Von dort breitete sie sich in Oberitalien aus und kam vermutlich* zwischen dem 14. und 16. Jahrhundert aus der Lombardei als Welscher nach Südwestdeutschland."

Obwohl die Historikerin also soeben noch mit „vermutlich" und „vielleicht" formuliert hat, offeriert sie innerhalb des gleichen Absatzes und im direkt anschließenden Satz den Schluß: „Wein, der zu dieser Zeit als Trollinger zu uns gelangte, stand mit der Rebsorte zunächst nicht in Verbindung. Die welsche Rebsorte erhielt erst im 18. Jahrhundert den Namen Trollinger, als die Rebe unter dem Namen Schiava oder Vernatsch in Südtirol zur meistangebauten Sorte wurde."

Es gilt festzuhalten: Soeben noch wurde lediglich in Frage gestellt, daß die Rebsorte Trollinger aus Tirol stammt. Genau drei Sätze weiter ist aus der Möglichkeit eine Tatsache geworden.

Was die Historikerin ins Feld führt, ist keineswegs uninteressant. Aber auf welche Weise das Fragezeichen hinter ihren Vermutungen einem losgelassenen unverschlossenen Luftballon gleich zu einem bloßen Punkt zusammenschnurren konnte, wäre doch spannend gewesen zu erfahren.

Dies gelang auch mithilfe anderer Textstellen nicht. Im Kapitel über „Die Entwicklung des Rebsatzes im 16. und anfangs des 17. Jahrhunderts" heißt es: „Neben die bereits bekannten und stark verbreiteten Sorten Elbling, Clevner, Heunisch und Traminer traten nun verschiedene welsche Sorten wie Trollinger, Urban und weißbeeriger Trollinger." Diese Terminologie ist mit oben genannter These zum Namen der Rebsorte Trollinger nicht vereinbar.

Bezüglich des Namens Schiava schreibt die Historikerin: „Seit Anfang des 14. Jahrhunderts wurde die Sorte neben dem Friaul, dem Veronese und der Lombardei auch im Trentino und in Südtirol angebaut. Unter den Namen schlafen oder geschlafene waren die Weine der gleichnamigen Sorte im deutschsprachigen Raum bekannt."

Das ist nun wiederum verwirrend, denn an anderen Stellen heißt es, in Württemberg sei für die spätere Trollingerrebe der Name Welscher üblich gewesen.

Zur Gebräuchlichkeit des Ausdrucks Welscher führt die Verfasserin einige Quellen ab dem 16. Jahrhundert an. Dazu bemerkt sie allerdings: „Die frühen Nennungen sprechen stets von Welschen, so dass hier noch nicht sicher ist, ob sie sich auf Trollinger oder Urban beziehen." In

diesem Zusammenhang heißt es außerdem: „1777 werden Welsche am Hohentwiel angebaut und gleichzeitig erstmals vom Urban unterschieden."
Im direkt folgenden Satz steht dann: „Die Sorte war vor allem am Neckar verbreitet, man fand sie weder an der Tauber noch am Bodensee." Aber wo liegt der Hohentwiel, wenn nicht nahe des Bodensees? So mag man auch hier nicht so recht folgen.

Die Verfasserin der Tübinger Dissertation – und darin wird sie kaum auf Widerspruch stoßen – beschreibt die Sorte Trollinger als „große Trauben und blauschwarze Beeren", die „hellrote fruchtigherbe Weine mit leichter Struktur" ergeben. Die Aromen erinnerten an „Kirschen, rote Beeren und Mandeln". Die Weine hätten „wenig Alterungspotential". Die Sorte reife „langsam und spät" und brauche „beste Lagen". Trollinger gedeihe auf Keuper und Muschelkalk und zeichne sich „durch sehr hohe Erträge" aus. Dies ist allgemeiner Konsens.
Bezüglich des Namens heißt es: „Trollinger als Rebsortenname taucht erst im letzten Drittel des 18. Jahrhunderts auf." Ab dann seien Trollinger und Welscher synonym gebraucht worden, „davor ist nur von Welschen die Rede".

Um dies zu belegen, führt die Wissenschaftlerin unter anderem so eine prominente Quelle wie Johann Caspar Schiller und seine 1767 erschienene Schrift „Vom Weinbau" an. Über Schiller heißt es, er „nennt Trollinger nicht unter dieser Bezeichnung, sondern bezeichnet ihn als Welschen".
In seinem Kapitel über den Welschen schreibt Schiller jedoch unter anderem, diese Rebsorte habe „hangende Beeren" und gebe einen „lagerhaften und „stark rothen Wein". Diese Eigenschaften treffen ja nun genau nicht auf den Trollinger zu und stehen auch im Widerspruch zu den oben genannten eigenen Beschreibungen der Verfasserin.

Johann Caspar Schiller

Johann Caspar Schiller (1723–1796), Vater von Friedrich Schiller, setzte sich im Auftrag des württembergischen Herzogs Carl Eugen intensiv mit dem Wein- und Obstbau im Land auseinander. Nach Schillers Überzeugung sollte man sich so früh wie möglich mit dem befassen, was „zur Erhaltung unseres Lebens" gehört. Er konnte deshalb nicht verstehen, daß es Menschen gibt, die nicht einmal wissen, wie das Brot zubereitet wird: „So unwissend wollte ich meines Theils nicht seyn, und da ich lieber Wein als Wasser trinke, so erkundigte mich bey allen Gelegenheiten um den Weinbau."
1768 publizierte er seine umfassenden Erkenntnisse u.a. auch zu Viehzucht und Ackerbau als „Oekonomische Beyträge, zur Beförderung des bürgerlichen Wohlstandes". Der Weinbau bildet einen Schwerpunkt seiner Arbeit. In Sachen Obstbau veröffentlichte er 1794 „Die Baumzucht im Großen aus zwanzigjähriger Erfahrung im Kleinen beurtheilt".

Weitere Textstellen der Tübinger Arbeit sprechen gegen die so ehrgeizig verfochtene These, der Trollinger sei eigentlich gar kein Tirolinger. So zitiert die Historikerin eine Südtiroler Landesbeschreibung, verfaßt um 1600 von Marx Sittich von Wolkenstein. Dieser nenne „lagrein, geschloffen, vernatsch, trollinger, heunisch, muscateller und pfefferweinper". Der Kommentar der Wissenschaftlerin:„Wolkenstein nennt erstaunlicherweise in seiner Landesbeschreibung um 1600 neben geschloffen und vernatsch auch trollinger, und zwar exakt in der heutigen Schreibweise."
Die Stelle der Dissertation beläßt es beim erstaunlicherweise. Das genannte Dokument aus Südtirol ist jedoch ein Nachweis, daß um 1600 durchaus bereits von der Rebsorte Trollinger die Rede war – zwar nicht in Württemberg, aber eben in Tirol selbst. Eine Rebe dieses Namens existierte also bereits.

„Wann also kam die Sorte in Südwestdeutschland auf, und wo kam sie her?", fragt die Historikerin. Den „entscheidenden Hinweis" zur Beantwortung dieser Frage findet sie in weiteren Synonymen für den Trollinger, der in Südwestdeutschland außer Welscher, „bisweilen ebenso Lamber oder Lombard" genannt werde. Wie es zu diesem Namen kam, lasse sich „anhand der engen Beziehungen zu den Territorien Oberitaliens erklären". Es wird dargelegt: „Bereits früh gelangte eine Sorte von dort nach Südwestdeutschland. Die Deutschen bewunderten den lombardischen Weinbau und seine Erzeugnisse – wer nähme da nicht Rebstöcke mit in die Heimat, um sie dort anzupflanzen?"
Hoppla. Hier geht's über Steinchen und Rebstöckchen. Was heißt „früh"? Und: wohl wahr! Wer nähme aus einer Gegend, zu der man rege Beziehungen pflegt und deren Wein man schätzt, nicht auch gerne Rebstöcke mit in die Heimat, um sie dort anzupflanzen? Aber wieso sollte dies nur auf die Lombardei zutreffen und nicht auch und vielleicht noch mehr auf Tirol???

Tirol

Der Name der Region geht zurück auf Dorf und Schloß Tirol nahe Meran im heutigen Südtirol. Schloß Tirol wurde im 12. Jahrhundert erbaut und gleichzeitig dort auch die Grafschaft Tirol begründet.
Die Grafen von Tirol waren zunächst den Bischöfen von Brixen und Trient unterstellt, die wie das Tiroler Gebiet zum Herzogtum Bayern und damit zum sogenannten Heiligen Römischen Reich Deutscher Nation gehörten. Den Tiroler Grafen gelang es, ihr Gebiet beträchtlich auszuweiten. Bereits 1180 wurden sie von den Bischöfen und auch von Bayern unabhängig. Ab etwa 1300 verschoben sich die Machtverhältnisse sogar in die Gegenrichtung – die Grafen von Tirol dominierten auch das südwestlich angrenzende Trentino.
Zu den bekanntesten und schillerndsten Personen Tirols zählt Margarete von Tirol, die den Beinamen Maultasch erhielt. Die 1318 geborene Grafentochter wurde 1330, also mit zwölf Jahren, mit dem vier Jahre jüngeren Luxemburger Johann Heinrich verheiratet. 1335 starb Margaretes Vater. Die Regentschaft über Tirol ging auf Johann Heinrich über.

1341 kam es zum Bruch zwischen den Eheleuten. Hätte es damals schon die Yellow Press gegeben, es wäre von Wien bis Paris die Titelstory gewesen. Aber auch ohne Klatschpresse kam es zum Skandal, der die Höfe Europas in Aufregung versetzte. Margarete soll die Trennung von ihrem Gatten so herbeigeführt haben, daß sie den von der Jagd zurückkehrenden Johann Heinrich kurzerhand nicht mehr ins Schloß hereingelassen habe.
1942 heiratete sie – ohne daß der Papst diese Trennung anerkannt hätte – in Anwesenheit des Kaisers dessen 1315 geborenen Sohn Ludwig, der somit auch Herrscher über Tirol wurde. Ihr 1344 geborener Sohn Meinhard III. übernahm die Regentschaft 1361, als Ludwig bei einem Ritt von Tirol nach München starb. 1363 starb jedoch auch Meinhard.
Margarete beschloß, ihr Land an die Habsburger zu vererben, mit denen sie väterlicherseits eng verwandt war. 1369 starb sie in Wien. Der Name des Bezirks Wien-Margareten soll auf sie zurückgehen.
Margarete von Tirol wurde auch Margarete Maultasch genannt. Wie die Tirolerin zu diesem Namen kam, ist ungesichert. Eine der fragwürdigen Theorien besagt, bei Maultasch handele sich um ein Schimpfwort, das Hure oder liederliches Weib bedeute. Margarete habe man so genannt, weil sie Ludwig geheiratet habe, ohne von Johann Heinrich geschieden zu sein. Eine andere, auch nicht sehr überzeugende Vermutung ist, Maultasch sei eine Anspielung auf Margaretes außergewöhnlich großen Mund gewesen. Dies steht im Widerspruch zu den Überlieferungen, daß Margarete eine sehr schöne Frau

Schloß Tirol bei Meran

gewesen sein soll. Ihr von Hohn und Spott triefendes Abbild, das Umberto Eco als Paradebeispiel in seiner Geschichte der Häßlichkeit anführt, entbehrt aller Wahrscheinlichkeit nach jeglichen realen Bezugs.
Eine dritte und recht plausible Version geht davon aus, daß der Name von Margaretes Lieblingsburg auf sie übertragen wurde. Es handelt sich dabei um Burg Neuhaus über Terlan, einem Weinort im Etschtal zwischen Bozen und Meran. Bekannt ist der Ort für seinen Weißwein und Spargel und eben die Burg. Diese liegt über einer Zollstation namens „mala tasca“, was italienisch ist und wörtlich übersetzt „schlechte Tasche“ bedeutet. Verkauderwelscht wurde daraus Maultasch.
Maultasch! Ein Wort das in Schwaben sofort aufhorchen läßt und überaus angenehme Assoziationen hervorruft – an Maultaschen in der Brühe, mit Kartoffelsalat, geschmelzt. Die aufwendig herzustellenden Maultaschen zählen zu den absoluten und als urtypisch geltenden Favoriten der schwäbischen Küche. Und auch sie könnten gut und gerne ein Import aus Tirol sein.
In Tirol liegen wichtige Alpenpässe, allen voran der Brenner, der mit 1374 Metern der niedrigste ist. Die Region war also schon immer Durchgangsland. Auf Pfaden, Wegen und Straßen Tirols

kamen die Güter aus dem italienischen Gebiet in das deutschsprachige nördlich der Alpen und umgekehrt. Signifikant drückt sich dies auch in der traditionellen Dreisprachigkeit aus – gesprochen wird deutsch, italienisch und ladinisch, letzteres ist eine Art alter römischer Dialekt. Der Austausch zwischen den Kulturen konnte nicht ausbleiben – auch außerhalb militärischer und ökonomischer Interessen. Es ist sogar gar nichts anders denkbar, als daß sich auch die Küchen gegenseitig beeinflußten.
Tirol ist die Verbindung zu Italien, das für seine Ravioli bekannt ist. Sucht man in Tirol selbst, wird man ebenfalls schnell fündig. Die dortigen Schlutzkrapfen haben fraglos viel mit Maultaschen gemein – gefüllt werden können diese Taschen aus Nudelteig mit Fleisch, Spinat, Quark, eben mit allerlei, ganz wie die Maultaschen auch. Nur etwas kleiner sind die Schlutzkrapfen als die Maultaschen. Dafür wiederum deutlich größer als die italienischen Ravioli. Anscheinend sind die gefüllten Nudelteigtaschen auf dem Weg gen Norden halt immer größer geworden.
Gut möglich also, daß Trollinger und Maultaschen, die bekannterweise bestens miteinander harmonieren, ihren Weg ins germanische Ausland zusammen angetreten haben. Der Trollinger als Wein und sicher auch als Rebsetzling, die Maultaschen in variantenreichen Rezepten.

„Das Bild der Quellen“, so die Doktorarbeit, „spricht dafür, daß im südwestdeutschen Raum generell welsche Sorten, rote und weiße, Ende des 16. Jahrhunderts bereits existierten. Auch in Württemberg tauchten Welsche schon im 16. Jahrhundert auf, doch war hiermit höchstwahrscheinlich noch nicht die heutige Varietät Trollinger gemeint.“
Wie bitte? Wir befinden uns immerhin noch innerhalb der Beantwortung der Frage „Wann also kam die Sorte in Südwestdeutschland auf, und wo kam sie her?“. Man muß auf diese Textstelle zurückgehen, weil später, wie oben bereits dargestellt, versucht wird zu überzeugen, die Rebsorte Trollinger sei zwischen dem 14. und 16. Jahrhundert „aus der Lombardei als Welscher nach Südwestdeutschland“ gelangt. Hier jedoch, im Buch eine Seite vorher, ist mit dem Welschen „höchstwahrscheinlich noch nicht die heutige Varietät Trollinger gemeint“.

Eine der vielen Stellen, bei der man beim Versuch, der Argumentation in Sachen Trollinger zu folgen, unsanft aus der Kurve fliegt. Die Ungereimtheiten mögen daraus resultieren, daß die immense Materialfülle einfach etwas durcheinander geraten ist. Daß man, das sei vermerkt, angesichts einer solchen Anzahl von unbestritten interessanten Quellen den Überblick verlieren kann, quasi vor lauter Reben den Weinberg nicht mehr sieht, ist verständlich. Es hätte eben einer Überarbeitung bedurft.
Daß die logischen Brüche jedoch an-

scheinend niemand aufgefallen sind, ist ganz und gar unverständlich. Die Dissertation wurde innerhalb der „Tübinger Bausteine zur Landesgeschichte" publiziert, „Im Dienste des Vereins der Freunde und Förderer des Instituts für Geschichtliche Landeskunde und Historische Hilfswissenschaften an der Universität Tübingen e.V." und herausgegeben von Sönke Lorenz, Volker Schäfer und Wilfried Setzler. Laut Vorwort der Autorin wurde die Arbeit von Professor Dr. Sönke Lorenz, Professorin Dr. Sabine Holtz und Professor Dr. Volker Schäfer begutachtet und korrigiert. Den Druck des Buches haben unter anderen unterstützt Gert Aldinger vom Weingut Aldinger in Fellbach, der Verein der Freunde der Tübinger Kultur e.V., die Vereinigung der Freunde der Universität Tübingen e.V. (Universitätsbund), der Weinbauverband Württemberg e.V., das Weingut Herzog von Württemberg und der Württembergische Geschichts- und Altertumsverein Stuttgart.

Kommt der Trollinger nun aus Tirol oder nicht? Die genannte Tübinger Dissertation jedenfalls beantwortet dies nicht überzeugend. Also - Vorhang zu, und alle Fragen offen.

Älteste Sorten in

Viele früher in Württemberg angebaute Sorten sind inzwischen verschwunden, etwa der von Balthasar Sprenger noch als sauer beschriebene Römer oder der nur am Neckar vorkommende Fütterer, der deshalb auch Nicarina genannt wurde.

Elbling

Zu den ältesten Sorten zählt der Elbling, der als Vitis albuelis bereits von Plinius dem Älteren beschrieben wurde. Plinius, 23 oder 24 n. Chr. in Como geboren, ist Verfasser der berühmten Historia Naturalis und zog mit der römischen Armee zu den Germanen. Man kann annehmen, daß die Römer auch Setzlinge ihrer Rebstöcke in die germanischen Provinzen mitgenommen und dort verbreitet haben. Dafür spricht insbesondere auch der alemannisierte Name „der Albene" – albus ist das lateinische Wort für weiß. Wie alle aus dem Süden stammenden Sorten, verlangt der Elbling warme und trockene Lagen.

„Als den nützlichsten Weinstock legitimiert" habe sich der Elbin, schreibt Johann Caspar Schiller, „wegen seiner vielen und weinreichen weissen und rothen Trauben".

(Gewürz-) Traminer

Ganze Lagen wurden im Mittelalter am Neckar „im Traminer" genannt. Den Namen verdankt die Rebe dem Ort Tramin in Tirol, wo sie urkundlich um das Jahr 1000 mit ihren rötlichen, kleinen Beeren beschrieben und als guter Wein beurteilt wird. Aber sie ist noch viel älter. Der römische Gelehrte Plinius weiß bereits im ersten Jahrhundert von einer Rebsorte aus Terminum in der Provinz Raetia.

Württemberg

Johann Caspar Schiller beschreibt die Trauben als „roth“ und „etwas fleischigt“. Obwohl es eine Weißwein-Rebe ist, können die Beeren einen rötlichen Ton haben. Daß die Sorte zurückgedrängt wurde, hat vielleicht wiederum von Schiller genannte Gründe: „geben guten aber wenig Wein“, „Will fleißige Arbeit und gute Besserung haben.“
Die Variante Gewürztraminer hat noch

rötlichere Beeren und besticht noch mehr durch bisweilen schwere, süße Aromen.

Muskateller

Eine ebenfalls bis in die Antike zurückzuverfolgende Rebe ist der Muskateller, der aus Kleinasien stammt und bei Plinius – wohl wegen seiner Süße – uva apiana, Bienentraube heißt. Johann Caspar Schiller schreibt über die Beeren, sie hätten „einen starken würzhaften Geruch, der aber nicht jedermann anständig ist".

Zahlreiche Quellen aus dem Mittelalter unterscheiden hunnische und fränkische Weine, dies in diversen Schreibweisen wie frentsch und huntsch, oder auch latinisiert Vinum francicum, franconicum oder francum beziehungsweise Vinum hunicum, hunonicum und hunaticum.

Um 1150 beschreibt Hildegard von Bingen in der „Physika" diese beiden Weintypen sehr eindrücklich. Dabei bezeichnet sie den fränkischen Wein als so stark, daß man ihn mit Wasser mischen müsse. Beim hunnischen Wein hingegen sei das nicht nötig, da er von Natur aus wässrig sei.

Eine Kloster-Urkunde aus der Wetterau ordnet „dem Burggräfen fränkischen und seinen Knechten heinischen" zu. Fränkischer Wein wurde allgemein höher bewertet und war teurer als hunnischer.

Ob man zwischen den Bezeichnungen hunnisch usw. einfach eine Linie ziehen kann zum späteren Sortennamen Heunisch, ist fraglich. Unklar ist, ob es sich bei den mittelalterlichen Unterscheidungen von fränkisch und hunnisch überhaupt um Sorten gehandelt hat, sondern - wofür einiges spricht - um eine Qualitätsbezeichnung: fränkisch also für hochwertigen Wein, hunnisch für minderwertigen.

Weissgelber Muscateller.

Traditionelle Sorte

Grauburgunder

Auch Ruländer genannt, der laut Johann Caspar Schiller einen köstlichen und geistreichen Wein gebe, der dem Würzburger Stein-Wein in nichts nachstehe. Schiller beschreibt: „Träget braune gedrungene Trauben von mittelmäßiger Grösse, welche zu gleicher Zeit weich und süß werden [...]". In Frankreich heißt die Rebe Pinot Gris, in Italien Pinot Grigio.

Lemberger

Gegenüber dem Trollinger wurde der Lemberger lange als so etwas wie der Herrschaftswein gehandelt. Die Rebsorte verlangt beste, warme und windgeschützte Lagen und liefert würzige, gehaltvolle bis wuchtige Weine, die man gerne mit kräftigen Fleischgerichten kombiniert.

Als Kaiser der Rotweine wurde diese Sorte von Theodor Heuss, erster Bundespräsident und promovierter Wein-Experte, bezeichnet.

Wie kam der Lemberger nach Deutschland? Ein beliebtes Gesellschaftsspiel, das meistens damit endet, daß man den Import der Rebe den Grafen von Neipperg zuschreibt. Allerdings gibt es zahlreiche Lehmberge, von denen Namen wie Lemberg, Limberg oder Limpurg abgeleitet werden. Theodor Heuss fand die Sorte „limborger Gewächs" in einer um 1700 datierenden Urkunde.

In Österreich wird die Rebe Blaufränkisch genannt.

Müller-Thurgau

Gezüchtet wurde die Sorte von Hermann Müller, einem Önologen aus Tägerwilen am schweizerischen Bodensee-Ufer. Müller experimentierte mit allerlei Kreuzungen ab 1882 an der Forschungsanstalt Geisenheim im Rheingau und importierte Stecklinge seines Favoriten auch in seine Heimat, den Thurgau. In der Schweiz wurde die Rebe als Riesling x Silvaner bekannt, woraus auch der ebenfalls gebräuchliche Name Rivaner abgeleitet wird. Allerdings hat man später festge stellt, daß weder Riesling noch Silvaner als „Eltern“ der Rebe bezeichnet werden können. Möglicherweise hat Hermann Müller selbst nicht mehr zurückverfolgen können, welche Kreuzung es war, die zu seinem Erfolg führte.

Der Müller-Thurgau ergibt frische, leicht blumige Weine, die besonders auch von Weintrinkern geschätzt werden, die Säure scheuen.

Portugieser

Ob die Rebsorte aus Portugal kommt, ist unbekannt. Eine relativ anspruchslose Sorte, die leichtere, gefällige Weine liefert.

Riesling

Gilt als der edelste Weißwein - frisch, fruchtig und hochelegant. Riesling verlangt beste Lagen. Grünlich schimmert er jung im Glas. Je länger man ihn lagert, wofür Riesling hervorragend geeignet ist, desto goldener wird er. Sein Säurespiel macht sich zu Fischgerichten besonders gut. Auch für den edlen Spargel ist er würdiger Begleiter.

Johann Caspar Schiller nennt die Riesslinge oder Reuschlinge noch unter ferner liefen, starke Gewächse, die „zwar viel, aber harten Wein" geben und außerdem sehr frostempfindlich seien.

Deshalb wirft er sie mit der Butscheere in einen Sack: „weder in Bergen noch Ebenen anzurathen, indeme man ja unter [...] zwölferley Gattungen viel bessere [...] Wahl haben kann."
Schiller irrte hier wohl gewaltig – inzwischen ist der Riesling in Württemberg die mit Abstand meistangebaute weiße Rebsorte.

Schwarzriesling

Wegen der weißlichen, wie mit Mehl bestäubten Triebspitzen spricht man beim Schwarzriesling gelegentlich auch von der Müllerrebe. Verwandt ist der Schwarzriesling aber weder mit dem Riesling noch mit dem Müller-Thurgau. Es ist vielmehr eine sehr alte Burgunder-Variante, der französische Name lautet Pinot Meunier.

Silvaner

Im Remstäler Dialekt heißt der Silvaner der Salvener. So nannte ihn auch der aus Bittenfeld bei Waiblingen stammende Johann Caspar Schiller, der darin eines der besten Gewächse sah, jedoch empfahl, ihn „mit Elbin oder Klefner“ zu verschneiden, weil er sonst „bald schwer“ werde.

Spätburgunder

Ein uralter Sproß aus der großen Burgunderfamilie, die vermutlich mit Abgesandten von Klöstern aus dem Burgund über den Rhein gekommen ist. Die Weine werden gern als samtig oder seidig beschrieben. Nach Gustav Schwabs 1826 erschienenem Bodenseebuch war es Kaiser „Carl der Dicke", auf dessen Geheiß diese Rebe bereits im Jahr 884 im Königsweingarten der Pfalz Bodman angepflanzt wurde. Den Ruf als König der Rotweine hat sich der Burgunder mit weltberühmten Weinen aus seinem Ursprungsland erworben.

In Frankreich heißt er Pinot No[illegible]reich Blauburgunder.

Trollinger

Die Württemberger Rebsorte. Fast ein Viertel der gesamten Anbaufläche des Landes ist mit Trollinger bestockt. Auch als „Schwabenmilch“ bezeichnet, ist der relativ leichte und hellrote Trollinger ein beliebter Vesperwein – auch ohne Vesper. Zu typisch schwäbischen Gerichten wie Linsen und Spätzle, Sauren Kutteln oder auch einfach zu einer Laugenbretzel macht er sich bestens.

Eigentlich ist der Trollinger aber ein Reigschmeckter. Sein Name deutet auf die Herkunft aus Tirol, aus Tirolinger wurde Trollinger. Der Favorit Württembergs ist eine Variante des Vernatsch, die meistangebaute Rebe in Südtirol (eigenes Kapitel Trollinger S. 121).

Neuere Sorten in Württemberg

Dornfelder

Zu den neueren Züchtungen zählt der Dornfelder aus Helfensteiner und Heroldrebe. Auch die Eltern des Dornfelders gingen auf das Kreuzungsglück von August Herold (1902-1973) zurück, der ab 1928 in Weinsberg Leiter der Rebenzüchtung und Rebenpfropfung war.

Dornfelder ist ein in der Pfalz inzwischen weitaus mehr als in Württemberg verbreiteter, tiefdunkler, kräftiger Rotwein, dem auch das Barrique, das kleine Holzfaß, bekommt. Benannt wurde die Rebe nach Immanuel Dornfeld, dem Mitgründer der Weinbauschule.

Kerner

Der Kerner gehört zu den wichtigsten Rebsorten in Württemberg. Gezüchtet wurde die Rebsorte von August Herold in der Weinsberger Weinbauschule, wo der Kerner 1929 aus einer Kreuzung aus Riesling und Trollinger hervorging. Benannt wurde die Rebsorte nach Justinus Kerner (1786–1862). Er war in Weinsberg Arzt, wurde jedoch als Dichter bekannt, der es vor allem verstand, andere Künstler und Intellektuelle in seinem gastfreundlichen Haus um sich zu versammeln.

Römischer Wein

„Römische Rebsorten sind wegen des spät aufkommenden Weinbaus, der in Württemberg nicht durch die Römer initiiert wurde, quasi ausgeschlossen. Wildrebenvorkommen sind am Neckar nicht bekannt, so daß vor Ort keine Traubensorten aus Vitis vinifera silvestris entstanden sein dürften." So steht es in einer 2006 erschienenen Tübinger Dissertation mit dem Titel „Rebsorten in Württemberg" (siehe Doktor Trollinger, S. 122). Bezüglich der Wildreben widerspricht dies dem direkt vorangehenden Satz, wo es heißt, „Heunisch, Burgundersorten sowie Wildrebenkinder" seien wahrscheinlich.

Wilde Reben sind auch am Neckar anzunehmen. Warum soll es sie am Rhein gegeben haben und am Neckar nicht?

Und wo Römer waren, gab es auch Wein. Das heißt selbstverständlich nicht, daß die Römer an all ihren Standorten Wein anpflanzten. Selbst wenn sie es probiert hätten, wäre das Ergebnis zum Beispiel im zugigen Römerstein auf der Alb kaum motivierend gewesen, das Unterfangen weiterzuführen. Aber wo sich die klimatischen Bedingungen und die Böden nicht nur anbieten, sondern geradezu aufdrängen, wie an vielen Orten des Mittleren und Unteren Neckars – was sollte die landwirtschaftlich erfahrenen Betreiber der römischen Gutshöfe entlang des Neckarlimes gehindert haben, neben Getreide, Gemüse und Obst auch Rebstöcke anzupflanzen? Sinn und Zweck einer Villa Rustica, von denen man in Württemberg ungefähr 800 gefunden hat, war die Versorgung der römischen Truppen vor Ort – wieso also nicht auch mit Wein? Wieso

Teil der römischen Jupitergigantensäule in Hausen an der Zaber

soll das nur im Rheintal so gewesen sein und nicht auch am Neckar?

Sicher importierten die römischen Besatzer Wein sowohl aus ihrer Heimat als auch aus ihren gallischen Gebieten in ihre germanischen Provinzen. Die Handelswege waren die Flüsse und viele von den Römern eigens gebaute Straßen. Den Transport mit Schiffen, Flößen und Pferdefuhrwerken über derartige Distanzen darf man sich aber nicht allzu einfach vorstellen, besonders nicht für so ein empfindliches Transportgut wie den Wein, dem weder Temperaturschwankungen noch allzu viel Schütteln bekommen. Wer also auf Qualität Wert legte, wird fast zwangsläufig begonnen haben, vor Ort Wein anzupflanzen.

Wie auch sonst, wenn nicht die Römer den Rebbau eingeführt hätten, sollte es sich erklären, daß fast alle Begriffe zu Weinanbau und -ausbau auf römisches Vokabular zurückgehen – auch und gerade in Württemberg. Die Berufsbezeichnung Küfer zum Beispiel ist ausschließlich in Südwestdeutschland verbreitet, andernorts sagt man Faßbinder oder Böttcher. Lateinisch cupa bedeutet Tonne oder in Anlehnung an das lateinische Wort eben Kufe. Auch Kübel leitet sich davon ab. Ebenfalls schwäbisch-alemannisch ist die Gelt, in die der frisch gepresste Saft der Keltern lief. Galeta ist das entsprechende lateinische Wort.

Daneben sind überaus viele für den Wein- und Obstbau übliche Begriffe lateinisch-romanischen Ursprungs. Sogar die Worte für Wein und Most selbst – vinum und vinum mustum. Der Eimer, zunächst amber und einber, kommt von amphora,

Jupiter mit Blitzen in der Faust

die Kelter von (dieses Wort wiederum enthält den Begriff calx für Ferse oder Fuß und besagt somit, daß die Trauben mit den Füßen gestampft werden). Die Obstpresse kommt von lateinisch pressa oder pressura und der Trichter von trajectorium. Ein weiterer lateinischer Begriff für Kelter ist torculum, von dem sich Torkel, aber auch das Verb torkeln ableitet. Ein Dergl, schwäbisch-alemannischer Begriff für Kleinkind, dürfte somit ebenfalls damit zu tun haben, höchstwahrscheinlich wegen seines noch schwankenden oder eben torkelnden Gangs.

Es ist also keineswegs so, daß es keine Spuren für römischen Weinbau auf württembergischem Gebiet gäbe. Es gibt einfach – außer sogenannten Hapen, gekrümmte Messer, die man zum Schneiden von Reben verwendet – keine Metallfunde, die den römischen Weinbau in

Württemberg belegen. Solche Rebmesser aus der Römerzeit hat man an Neckar, Rems und Murr gefunden. Dazu ist immer wieder zu lesen, daß diese Hapen auch zum Schneiden von Obstbäumen verwendet wurden. Das mag ja möglich sein. Aber wieso sollten die Römer nördlich der Alpen nur Obstbau und keinen Weinbau betrieben haben?
Anderes Werkzeug aus Metall für den Weinbau gab es möglicherweise einfach gar nicht. Pfähle, Kübel und Fässer waren aus Holz ebenso wie die Keltern.

Im dritten Jahrhundert siedelten germanische Gruppen innerhalb des römischen Limes. Von den Römern wurden sie Alamannen genannt. In zahllosen Geschichtsbüchern und -artikeln, somit auch in der sich mit der Historie befassenden Weinliteratur wird fast durchweg fraglos übernommen beziehungsweise eben abgeschrieben, die Alamannen hätten den obergermanisch-rätischen Limes gewaltsam gestürmt und ihn im Jahr 260 schließlich zu Fall gebracht.
Wenn dies so gewesen wäre, spräche dies sicher auch gegen eine Kontinuität des römischen Weinbaus. Möglicherweise ist dieser Alamannensturm aber auch nur – gar selbstgefällige – Legende. Der Historiker Dieter Geuenich verweist zu diesem Thema auf innerrömische Machtkämpfe zu dieser Zeit, die ebenso zur Aufgabe des Limes geführt haben könnten. Die Alamannen könnten demnach von den Römern durchaus auch geduldet gewesen sein. Geuenich erscheint es „nicht ausgeschlossen, daß die germanischen Eindringlinge das von Rom aufgegebene ehemalige Provinzgebiet der agri decumati mit Zustimmung der Römer und vielleicht sogar unter vertraglichen Bedingungen besiedelt haben".
Nach Geuenich spricht sogar einiges dafür, daß es die Alamannen als Volksstamm vorher gar nicht gegeben hat, sondern daß sie „erst im neuen Siedlungsgebiet zwischen Rhein und Limes zu einem Volk zusammen gefunden haben".

Wenn man all die Spuren betrachtet, die von den Römern insbesondere in den Württemberger Weinregionen hinterlassen wurden – etwa eine mit Reben geschmückte Säule in Walheim, eine Mithras-Plastik in einem Fellbacher Weinberg, ein römischer Weinkeller in Oberriexingen (s. Württemberger Lagen) – muß man sich eher fragen, wie man zu der Annahme kommen kann, die Römer hätten den Weinbau ausgerechnet in Württemberg nicht eingeführt.

Württemberger Wein-Worte

Achtele Achtel Wein – hier ist das verkleinernde -le ausnahmsweise ein echter Diminuitiv

.

Bodagfährtle Weinaromen, die bezeugen, wo der Wein gewachsen ist. So schmeckt eben ein Remstäler anders als ein Zabergäuer und wieder ganz anders der Taubertäler, auch wenn es sich bei allen um die gleiche Rebe und den gleichen Ausbau handeln würde. In der gehobenen Weinsprache würde man Terroir sagen.

Bomboolesbriah Auf Hochdeutsch Bonbonbrühe. Gemeint ist ein pappsüßer und -für Weinkenner – ungenießbarer Wein

.

Butte Den Butte trägt der Wengerter oder Häcker auf dem Rükken. Bei der Lese bringt man mit ihm die reifen Trauben aus dem Weinberg. Auch enge, steile Treppen kann man mit einem Butten hinauf- oder hinabsteigen. Haben starke Regenfälle die Erde aus dem Weinberg geschwemmt, so war es früher üblich, den wertvollen Boden mit den Butten wieder hochzutragen. In den Tübinger Gogenwitzen kommt der Butte auch immer wieder zum Tragen – allerdings als Gefäß für menschliche und insbesondere professorale Hinterlassenschaften, die man dann als Dung in den Weinberg gekippt hat.

Dreible Die schwäbische Verkleinerungsform der Traube – ein Wirtschäftle kann so heißen. Desweiteren nennt man aber auch Johannisbeeren so, weil ihre Beeren auch in Form kleiner Trauben angeordnet sind.

Fläschle Wenn die Verkleinerungsform auch bei der Literflasche angewandt wird, hat es wieder viel mit Zuneigung zu tun.

Gog oder Raupe lauten die lokalen Bezeichnungen der Tübinger Weingärtner. Zu ihren Eigenarten gehören die Gogenwitze, die vornehmlich sauderb sind. Der Humor der Gogenwitze suhlt sich gerne in Fäkalien und dramatisiert die gegenseitige Verachtung von Weinbauern und akademischer Oberschicht. Ein weiterer Teil der Gogenwitze spiegelt den Wettbewerb mit Reutlingen um den sauersten Wein.

Henggalesgläsle Typisches Württemberger Weinglas – ohne Stiel, dafür aber mit einem meist grünen Henkel. Aus so einem Gläsle läßt es sich am besten supfa und schlotza. Trotz -le läuft es auch bei einem guten Viertele nicht über

.

Rachabutzer Unter einem Rachenputzer ist ein eigentlich kaum genießbarer Wein zu verstehen, mit dessen Säure man sich den Rachen regelrecht desinfizieren könnte. Da es zur schwäbischen Mentalität gehört, sowohl überaus gerne zu putzen als auch Härte zu zeigen, kommt auch solch ein Rachenputzer ins Glas.

räs sauer

Öchsle ist ausnahmsweise kein spezifisch schwäbischer Ausdruck. Selbstverständlich verweist der Ursprung des Namens aber schon ins Schwäbische. Mit dem -le bildet man den schwäbischen Diminuitiv. Mit Oechsle wäre also ein kleiner Ochse gemeint. Diesen Familiennamen trug der aus Buhlbach im Schwarzwald stammende Goldschmied und Mechaniker Christian Ferdinand Oechsle (1774–1852), der in Pforzheim eine Werkstätte für Brücken- und Präzisionswaagen betrieb. Nach ihm ist die für den Weinbau so immens wichtige Oechsle-Waage benannt. Dieses Gerät wird oft einem anderen zugeschrieben, dem Pfarrer Philipp

Matthäus Hahn (1739–1790), der als Begründer der württembergischen feinmechanischen Industrie gilt.
Aber auch das ist nicht richtig. „Heureka! Ich hab's!" soll Archimedes (267–212 v. Chr.) ausgerufen haben, als er das Gesetz der spezifischen Dichte entdeckte, mittels dessen hydrostatische Waagen entwickelt werden konnten.
Um vorauszusagen, wie viel Alkohol der spätere Wein enthalten wird, mißt man mit einer Oechsle-Waage die Dichte des frischen Saftes, die in Oechsle-Graden, oder auch kurz nur Oechsle, angegeben wird. Je höher die Dichte, desto mehr Zukker ist enthalten, desto mehr Alkohol wird im Gärungsprozeß also entstehen. Salopp könnte man sagen, was die PS für einen Motor, sind die Oechsle für einen Wein.
Die Weinwaage wurde nach Oechsle benannt, weil der Wahl-Pforzheimer die Skala der Senkwaage vereinfacht und damit praktikabler gemacht hat. Er soll außerdem viel zur Verbreitung der Weinwaage beigetragen haben, u.a. mit seiner Schrift: „Ueber den Gebrauch der Most- und Weinwaage". Wenn Oechsle die Weinwaage auch nicht erfunden hat, so doch ein anderes nützliches Utensil, das allerdings keine Verbreitung gefunden hat, nämlich einen „Wecker, der zugleich ein Licht anzündet".

Schiller steht nicht nur für den wichtigsten Dichter Württembergs, sondern auch für eine Wein-Spezialität, gekeltert aus weißen und roten Trauben, die nur in Württemberg Schiller genannt werden darf.

Schlotza In Württemberg wird der Wein nicht getrunken, sondern geschlotzt. Schlotzen tut man auch zum Beispiel a Bomboole oder Guadele, beides meint ein Bonbon, oder einen Lutscher, der deshalb ja auch Schlotzer heißt.

Schorle Wein mit Sprudel (kohlensäurehaltiges Mineralwasser) oder Sprudel mit Wein – je nach Wirt.

Semsagräbsler Mit Semsa ist der Sims gemeint, mit Gräbsler der Kletterer. Nicht alle Rebstöcke, die an Hauswänden, über Torbögen und Veranden ranken, geben auch einen guten Wein. „Was ischd au des fir en Semsagräbsler?", ist eine spöttische Bezeichnung für einen miserablen Wein.

Schwänzle Abgang

Traub Der Traub ist die korrekte Bezeichnung in Württemberg für die mit Beeren besetzte Traube.

Viertele A Viertele meint nichts anderes als ein Viertel Wein. Wobei das eigentlich schon Hochschwäbisch ist – auf der Alb zum Beispiel heißt das a Viudule. Das -le deutet zwar grammatikalisch auf den schwäbischen Diminutiv, wird aber auch immer dann verwendet, wenn man seine Zuneigung zum Ausdruck bringen will. Beim Flirten schwärmt der Mann deshalb zum Beispiel vom Göschle oder Mäule der begehrten Herzdame. Fällt hier allerdings die Verkleinerungsform weg, dann heißt das, die Gefühle sind ins Gegenteil umgeschlagen.
Beim Wein besteht diese Gefahr scheint's nicht, die Zuneigung ist immer gleichbleibend, weshalb sich auch niemand a Viertel bestellen wird. Deshalb fühlt man sich zwangsläufig betrogen, wenn man in einer Wirtschaft a Viertele bestellt und tatsächlich ein verkleinertes, auf 0,2 l geeichtes Glas hingestellt bekommt.

Weile – das ei ausgesprochen nicht wie z.B. in frei, sondern wie in fein, geht es hier wieder um eine Liebkosung, die im Schwäbischen mit der Verkleinerungsform -le zum Ausdruck gebracht wird. A Weile ist deshalb ein Wein, den man ganz köstlich findet und von dem man deshalb in direkt zärtlicher Weise spricht. Sollte es sich zusätzlich auch noch um einen kostengünstigen Wein handeln, erhält das -le doppelt positive Bedeutung. Ist es jedoch ein teurer Tropfen, so bedeutet die Bezeichnung a Weile zum einen bewundernde Anerkennung für die Qualität des Weins und zugleich einen ironischen Blick auf den Preis.
Es gilt also zu unterscheiden – ‚Eile mit Weile' ist sicher keine Aufforderung, schnell zu trinken oder nach dem Wein-Einkauf die Füße unter den Arm zu nehmen. „Gib mir no a Weile", sagt der Gast hingegen nicht, um noch eine Weile in der Wirtschaft hocken bleiben zu dürfen, sondern um sich ein weiteres Viertele oder auch Achtele zu bestellen.

Wengert/le Das Wort Wengert leitet sich von Weingarten ab. Selbst wenn es nur ein paar wenige Rebstöcke für den Eigenbedarf sind, kann ein Wengertle viel zum Stolz seines Besitzers beitragen, auch wenn der hauptberuflich kein Wengerter ist.

Wengerter Weingärtner, Winzer

Zongalupfer entweder ein rechter Sauerampfer oder ein Wein mit hoher Konzentration adstringierender Gerbstoffe, die vom Französischen abgeleitet auch Tannine genannt werden.

Abgang

Besonderen Dank und Anerkennung

Helmut Ritter aus Strümpfelbach im Remstal als Guide durch die Weingärten des Landes, seiner Frau Ingrid für die Beschaffung zahlreicher historischer Fotos.

Familie Gräter: Doris Gräter aus Stuttgart für die Beschaffung der ganzen Serie von historischen Fotos aus Hausen und zahlreiche Informationen, ihrem Mann Johannes Gräter für die Erzählung über seinen Vater Friedrich Gräter aus Schwäbisch Hall.

Carlheinz Gräter, ihr Verwandter, hat mit seinem Buch „Württemberger Wein" eine unglaubliche Fülle an gleichermaßen fundierten wie unterhaltsamen Informationen zusammengetragen. Sämtliche zitierte Oberamtsbeschreibungen wurden in diesem Buch gefunden, außerdem auch die Geschichte vom durstigen Gelbinger Pfarrer. Insgesamt war das Buch ein umfassender Lehrgang zur Württemberger Weingeschichte. Es ist enorm bedauerlich, daß dieses Werk nur noch antiquarisch zu beziehen ist – wünschenswert wäre, es würde wieder aufgelegt. Kein auf dem Markt befindliches Buch zu Württemberg und seinen Weinen behandelt derart sorgfältig so viele Aspekte und ist dabei so reich an überaus interessanten Details wie dieses. Chapeau (auch wenn es kein Doktorhut ist)!

Literatur (zitierte und Auswahl)

Raban Graf Adelmann, Manfred Birmele, Heere Groenewold, Otto Heuschele: Württemberg/Vinothek der deutschen Weinberglagen. Seewald Verlag, Stuttgart 1981

Andreas Braun, Claus-Peter Hutter, Günter Bäder: Weinerlebnisland Württemberg. Silberburg-Verlag, Tübingen 2007

Carlheinz Gräter: Württemberger Wein. DRW-Verlag Weinbrenner, Leinfelden-Echterdingen 1993

Theodor Heuss: Weinbau und Weingärtnerstand in Heilbronn am Neckar. 1905, Reprint Stadtarchiv Heilbronn 2005

Julia Hörmann-Thurn und Taxis: Margarete – Gräfin von Tirol. Universität Innsbruck, Studienverlag 2007

Christine Krämer: Rebsorten in Württemberg. Herkunft, Einführung, Verbreitung und die Qualität der Weine vom Spätmittelalter bis ins 19. Jahrhundert. © Verein der Freunde und Förderer des Instituts für Geschichtliche Landeskunde und Historische Hilfswissenschaften an der Universität Tübingen e.V., Kommissionsverlag Jan Thorbecke 2006, Ostfildern

Gunter Link: Württemberg. Wein- und Spezialitätenführer. Woschek Verlag Mainz

Chris Meier, Bernd Kreis: Weinmacher in Württemberg. Eine Weinregion im Aufbruch. Edition Neumeier, Stuttgart 2004

Johann Caspar Schiller: Oekonomische Beyträge, zur Beförderung des bürgerlichen Wohlstandes. Stuttgart 1769, Neuausgabe Carlesso-Verlag, Brackenheim 2006

Christhard Schrenk, Hubert Weckbach (Hg.): Weinwirtschaft im Mittelalter. Zur Verbreitung, Regionalisierung und wirtschaftlichen Nutzung einer Sonderkultur aus der Römerzeit. Stadtarchiv Heilbronn 1997

Erwin Seitz (Hg.): Cotta's kulinarischer Almanach No 13. Thema Deutschland. J.G. Cotta'sche Buchhandlung Nachfolger GmbH, Stuttgart 2005

Stadt Brackenheim (Hg.): Hausen an der Zaber. Das Dorf und seine Geschichte. Brackenheim 2007